From Now

損害賠償法

橋本 恭宏 著

JN300602

不磨書房

はじめに

　1980年代以降わが国において，損害賠償法に関する論稿等は，民法中の債権総論の前半部において，また債権各論の終章あたりにおいて，数多く見られ，民法学の重要な位置を占めている。これらに関する書物は啓蒙的な紹介書から詳細な専門書まで多くあり，どれを読むか選択にすら困るほどである。それなのに，ここで改めて私が損害賠償法について語る意味はどこにあるのかといわれるだろう。

　本書は，「損害賠償」について興味を持つ高校生，大学生，社会人に対して導入的な本である。できることなら，小学生や中学生でも読んで分かるような本にしたかった。したがって，そうした意味では，この本は決して専門書とはいえない。たとえば，最新の議論を詳細に跡づけたり，文献を網羅的に紹介したりもしていない。

　それに対して，私がこの本を出したねらいは，今日まで，展開されてきた損害賠償法学とはどんなものか，どのような議論を行ってきたのか，そしてその問題点は何か，今までの議論を現在の立場から振り返り，今後の議論の出発点にし，今後の世代にその出発点を提示することにある。ここに，From Now（これからの）と名付けた理由がある。

　現在，損害賠償法学は一つの曲がり角に来ているように思える。ここ20年ほどの活発な議論の後で，損害賠償法学は深刻なジレンマに陥っている。「損害賠償から保険へ」が唱えられたが，はたして，そうなったのか。結局，そうした提言は，袋小路へと導いてしまったのではないか。

　民法学，特に損害賠償法学の現在は，どうであろうか。今後の出発点を確認することは，その一つの結果を確認することに他ならないだろう。したがって，損害賠償法学の現在を確認することが，この本の主要な意図ともいえよう。

　以上の筆者の意図に対して，専門的な研究者や学生の皆さんにはおそらく，大いに批判があると思う。また，私の知識不足や誤解によって，この本には間

違った議論や単純な見落としがあるかもしれない。また気づかない多くの事柄があるに違いない。この点については，諸氏のご指摘と専門家の立場より批判していただくことを期待している。

　本書を書くときに，筆者は自分自身が1人の学生のつもりで問いを発してみた。損害賠償法学を眺めるとどう見えるのか，と。あくまで視点はこの学問をはじめて学ぶ学生の立場にあるが，専門的な研究者にはきわめて素朴な疑問をぶつけてみた，と考えている。そのため，その疑問に答えていただけるならば，一学生としてとてもありがたいと思う。

　ここでの議論は，もしかしたら片寄った点もあるかもしれないし，あるいは，私の一つのテーゼ，『個人責任から組織責任へ』，さらに，『損害賠償から安全基準へ』が，一つ間違えば非常識な見解になるかもしれないが，損害賠償法を理解する上で是非とも必要だと思っている。その意味で，損害賠償法を問い直す一つの試みとなれば幸いである。

　最後に，本書の出版にあたりたいへんお世話になった不磨書房の稲葉文子氏に厚く御礼申し上げる。

2003年3月

橋本　恭宏

目　次

はしがき

第1講　損害賠償法のしくみ・不法行為による損害賠償 ……………3

Introduction

1　損害賠償責任の意義 ……………………………………………………3
　1.1　損害賠償とは　3
　1.2　責任の種類　4

Issues

2　不法行為による損害賠償を求めるための要件 ……………………7
　2.1　不法行為責任　7
　2.2　一般的不法行為の成立要件　9

Expand

3　過失概念の変遷 ………………………………………………………20
4　過失責任から無過失責任へ …………………………………………20
　4.1　過失責任主義　20
　4.2　無過失責任主義　22
5　個人責任から組織責任へ ……………………………………………23

第2講　債務（契約）の不履行による損害賠償 ……………………25

Introduction

1　契約不履行・債務不履行一般 ………………………………………25
　1.1　債権の意義　25
　1.2　債務者の保管義務（善管注意義務）　26
　1.3　債権の効力　28
2　債務不履行の要件とその類型 ………………………………………30
　2.1　債務不履行の共通の要件と効果　30

2.2　債務不履行の類型　33
　　2.3　受領遅滞（413条）　36
Issues
　3　契約締結上の過失と損害賠償 …………………………………38
　　3.1　契約締結上の過失理論　38
　　3.2　契約締結上の過失とその損害賠償の範囲　39
　4　安全配慮義務 ……………………………………………………40
　　4.1　意義とその法的根拠　40
　　4.2　安全配慮義務と保護義務との異同　40
　　4.3　安全配慮義務を認める意味　40
　　4.4　安全配慮義務と不法行為法上の注意義務との異同　41
　5　履行補助者論の新説とその批判 ………………………………41
　　5.1　履行補助者論の新説　41
　　5.2　履行補助者論と組織責任　42
Expand
　6　損害賠償の範囲と賠償の算定 …………………………………43
　7　債権者の受領遅滞（債権者遅滞）の法的性質 ………………43
　　7.1　債務不履行説と法定責任説　43
　　7.2　問題点　44
　8　債務不履行責任と不法行為責任 ………………………………44
　　8.1　ある事例から　44
　　8.2　判例と考え方　45
　　コラム　生まゆ乾燥事件　46
　　　　　　債務と責任　46

第3講　損害賠償の請求権者・その方法と範囲，賠償額の算定 …………47
Introduction
　1　損害賠償の方法と損害の種類・請求権者 ……………………47
　　1.1　損害の意味　47

 1.2　損害の種類　48
 1.3　侵害を受けた利益による損害の種類　48
2　損害賠償の請求権者ならびに請求内容 ……………………………49
 2.1　被害者受傷の場合の財産的損害賠償請求　49
 2.2　被害者受傷の場合の精神的損害賠償請求　51
 2.3　被害者死亡の場合の損害賠償の範囲と損害賠償請求権の帰属　52

Issues

3　死者の逸失利益ならびに慰謝料請求権の相続 ……………………54
 3.1　判例の考え方　54
 3.2　学　説　54
 3.3　検　討　55
 3.4　慰謝料請求権の一身専属性　56
4　間接被害者の損害賠償請求は可能か ………………………………57
 4.1　間接被害者への責任　57
 4.2　間接被害と企業（組織）損害の意味　57
5　損害賠償の算定の基準時について …………………………………59
 5.1　履行不能の場合　60
 5.2　履行遅滞の場合　60
 5.3　中間最高価格の問題　61
6　損害賠償の範囲と金銭評価方法 ……………………………………62
 6.1　損害額の算定と因果関係　62
 6.2　金銭債務についての特則　63
 6.3　損害の金銭評価　63
7　責任の限定 ……………………………………………………………66
 7.1　過失相殺　66
 7.2　損益相殺　67
 7.3　賠償額の予定　68
8　不法行為と損害賠償請求権の時効 …………………………………69
 8.1　損害賠償請求権の時効　69

8.2　短期消滅時効の趣旨　70
　　8.3　消滅時効の起算点　70
Expand
　9　"From Now"損害賠償範囲の決定基準・逸失利益の算定 ……………72
　　9.1　損害賠償範囲の決定基準　72
　　9.2　逸失利益の算定　72
　　コラム　ホフマン方式とライプニッツ方式　73
　10　責任の限定と"From Now" ……………………………………………74
　　10.1　被害者側の過失　74
　　10.2　監督義務者の過失　74
　　10.3　配偶者の過失　74
　　10.4　死者の過失　75
　　10.5　被害者の素因　75
　　10.6　組織の過失　75
　11　不法行為の損害賠償請求権の時効と"From Now" …………………76

第4講　差止請求と損害賠償 ……………………………………………77

Introduction
　1　差止請求権と損害賠償……………………………………………………77
　2　差止請求の機能と根拠……………………………………………………78
　　2.1　差止請求制度の意義と機能　78
　　2.2　差止請求をどのような法的根拠で認めればよいのか　79
Issues
　3　加害行為（企業活動）の差止めが認められる要件　80
　　3.1　差止請求を認める必要性　80
　　3.2　差止請求の根拠をめぐる議論　80
　　3.3　差止請求の要件と内容　81
Expand
　4　名誉毀損と差止請求　84

コラム　差止請求に関する特別法　84

第5講　被用者（従業員）の行為と使用者（会社・企業）の損害賠償責任 …………86

Introduction

1　使用者責任の意義とその成立 …………………………………………86
　1.1　使用者責任の意義と性格　86
　1.2　使用者責任から組織責任へ　87
2　使用者責任の成立要件とその効果 ……………………………………88
　2.1　ある事業のために他人を使用すること　88
　2.2　「事業」ならびに「他人を使用する」の意味　88
　2.3　被用者がその「事業の執行につき」損害を加えたこと　89
　2.4　被用者の加害行為自体が不法行為の一般的要件を備えていること　89
　2.5　使用者に免責事由がないということ　90
3　使用者責任の効果 ………………………………………………………90
　3.1　損害賠償　90
　3.2　使用者の被用者への求償権　90

Issues

4　「事業の執行につき」の意味と外形標準説 …………………………92
　4.1　「事業の執行につき」の意味　92
　4.2　「事業の執行につき」の判断基準の変化　92
5　被用者個人の責任 ………………………………………………………96
　5.1　使用者責任における使用者と被用者　96
　5.2　被用者の故意・過失　97
　5.3　被用者の責任　98
　5.4　被用者に対する使用者の求償の制限　98
　5.5　従業員（被用者）と会社（使用者）の責任の分担　102
　5.6　被用者の不真正連帯債務と連帯債務　104

Expand

  6 自動車損害賠償保障法の意義と趣旨 …………………………… 105

  7 自賠法第2条にいう「運行」と「保有者」 …………………… 105

第6講　設備の欠陥と損害賠償 ………………………………………… 109

Introduction

  1 工作物の占有者または所有者の責任（717条）の意義・法的性質・成立要件 …………………………………………………………… 109

    1.1 土地工作物責任の意義とその法的性質　109

    1.2 土地工作物責任の成立要件　109

    1.3 賠償義務者　110

Issues

  2 土地の工作物の基準 ……………………………………………… 112

    2.1 土地の工作物の具体的範囲　112

    2.2 判例で特に問題となった土地工作物の基準　112

    2.3 裁判例のまとめと展望　113

Expand

  3 瑕疵の有無の基準 ………………………………………………… 115

    3.1 「瑕疵」の有無の判断　115

    3.2 工作物責任と失火責任　115

第7講　共同不法行為（719条） ………………………………………… 117

Introduction

  1 共同不法行為の意義 ……………………………………………… 117

  2 公害と共同不法行為 ……………………………………………… 118

  3 719条の存在意義 ………………………………………………… 119

Issues

  4 「共同ノ不法行為」の成立要件 ………………………………… 121

    4.1 各人の行為がそれぞれ不法行為の要件を備えていること　121

4.2　行為に関連共同性のあること　121
　　4.3　加害者不明の共同不法行為　123
　　4.4　教唆および幇助（719条2項）と共同不法行為　124

Expand

5　共同不法行為の効果——「各自連帯ニテ其賠償ノ責ニ任ス」……………125
　　5.1　「各自連帯ニテ」の意味　125
　　5.2　賠償すべき損害の範囲　126
　　5.3　共同不法行為者間の求償関係はどのようなものか　126

6　共同不法行為と"From Now"……………………………………………127

第8講　商品の欠陥と製造物責任 ……………………………………128

Introduction

1　製造物責任とは ……………………………………………………………128
2　製造物責任概念はなぜ必要か ……………………………………………129
3　製造物の安全と法的規制 …………………………………………………130

Issues

4　製造物責任立法へのプロセス　131
　　4.1　製造物責任立法の系譜　131
　　4.2　製造物責任追及のための法的構成の歴史　131
　　4.3　新過失論　133
　　4.4　保証書ならびに免責の特約　134

5　製造物責任法（PL法）の概略 ……………………………………………135
　　5.1　製造物責任法の目的　135
　　5.2　責任の成立要件　135
　　5.3　製造物責任の効果　137

Expand

6　製造物とその欠陥 …………………………………………………………138
　　6.1　欠陥とは（2条）　138
　　6.2　損害賠償責任者　139

6.3　責任期間の制限　141

第9講　学校事故と賠償責任──国家賠償責任── ……………………142

Introduction

1　学校事故の特質 ……………………………………………………142
2　学校事故の責任とその態様 ………………………………………142
3　学校事故責任の法的根拠と公権力の行使 ………………………143
　3.1　国公立の学校における学校事故の賠償責任の根拠　143
　3.2　国公立の教育活動は「公権力の行使」にあたるか　144
　3.3　公権力の行使にあたる教育活動　144
4　学校事故と学校施設の瑕疵 ………………………………………145
　4.1　学校施設　145
　4.2　施設・設備に安全性を欠くことの意義　145

Issues

5　児童・生徒の加害行為と本人の責任 ……………………………146
　5.1　監督義務者の責任が生ずる場合　146
　5.2　生徒間事故の場合の校長・教師の責任　147
6　学校施設の破壊と損害賠償 ………………………………………147

Expand

7　学校事故から安全基準へ …………………………………………150
　7.1　教育活動全般における安全基準　150
　7.2　正課授業と教師の安全基準　151
8　学校行事の安全基準 ………………………………………………153
　8.1　学校行事　153
　8.2　体育祭・運動会　153
　8.3　修学旅行・遠足・登山　153
　8.4　休憩時間，放課後　153
　8.5　課外活動　154
9　その他の安全基準 …………………………………………………154

9.1　体罰　154
　　9.2　けんか・暴行・いじめ類型　155
　　9.3　学校給食の安全基準　155
　　9.4　学校開放の安全基準　156
　コラム　電気カンナは公の営造物か　157
　　　　　　プールは土地の工作物か　157

第10講　名誉毀損・プライバシー侵害 …………………………………158
Introduction
　1　名誉とプライバシーの意義と侵害に対する救済手段 ………………158
　2　諸外国における状況 ……………………………………………………159
Issues
　3　損害賠償の特殊性 ………………………………………………………161
　　3.1　慰謝料とその算定基準　161
Expand
　4　その他の救済手段 ………………………………………………………162
　　4.1　謝罪広告　162
　　4.2　謝罪広告と損害賠償　164
　　4.3　反論掲載請求　164
　　4.4　差止請求の可否　164

第11講　損害賠償とＡＤＲ ……………………………………………165
Introduction
　1　私的紛争解決とＡＤＲ …………………………………………………165
　　1.1　示談と和解　166
　　1.2　示談と仲裁　166
　　1.3　示談と錯誤　166
　　1.4　示談と後遺症　167
　2　調停制度 …………………………………………………………………167

    2.1　和解と調停　167
    2.2　調停の目的　167
    2.3　調停の強制力　168
  3　仲裁制度 …………………………………………………………168
    3.1　仲裁制度の意義　168
    3.2　仲裁制度の利点　168
  Issues
  4　自動車の強制保険と任意保険 ………………………………169
    4.1　自賠責保険のしくみ　169
    4.2　任意保険　170
  5　新しい被害者救済制度の必要性 ……………………………170
  Expand
  6　特別のＡＤＲ …………………………………………………172
    6.1　公害紛争処理法による紛争処理　172
    6.2　地方公共団体等における苦情処理制度　174
    6.3　被害者の救済資金の確保による紛争の解決　174
  7　責任保険制度 …………………………………………………174
    7.1　責任保険制度の必要性　174
    7.2　責任保険制度の利点と問題　175

第12講　From Now 損害賠償法 ……………………………………176
  1　インターネットと損害賠償 …………………………………176
    1.1　ネット利用者と名誉毀損・プライバシー侵害　176
    1.2　シスオペ・プロバイダー等の責任　177
  2　セクシュアル・ハラスメントと損害賠償 …………………178
  3　ドメスティック・バイオレンスと損害賠償 ………………180
    3.1　法律は家庭に入らずの原則　180
    3.2　夫婦間・親族間の不法行為と損害賠償　180
  4　専門家の責任──税理士業務の場合 ………………………182

4.1　税理士業務　182
　　4.2　税理士の立場　183
　　4.3　税理士と顧客との関係　184
　　4.4　業務受託の法律関係　185
　　4.5　助言義務の意義と内容　186
　5　裁判例に現れた税理士の責任の一端 …………………………………188
　6　医療ミスと医師の損害賠償責任 ………………………………………193
　　6.1　はじめに　193
　　6.2　医療ミス訴訟の法的構成（債務不履行か，不法行為か）　194
　　6.3　医療ミス訴訟の二つの問題点　194
　　6.4　裁判例・学説にみる医療ミス　195
　7　個人責任から組織責任へ ………………………………………………197
　　7.1　組織責任論の必要性　198
　　7.2　医療事故における組織責任　198
　　7.3　組織責任を構成するための要素　199
　　7.4　From Now 組織責任　200

事項索引 ……………………………………………………………………………202

損害賠償法用語ミニ辞典

　ホフマン方式　24
　安全配慮義務　42
　慰謝料　53
　インフォームド・コンセント　108
　損　害　111
　受忍限度論　114
　過失なければ非行なし　116
　損失補償と損害賠償　141
　取引的不法行為　157
　立証責任　201

From Now
損害賠償法

第1講 損害賠償法のしくみ・不法行為による損害賠償

Case 1　平成14年8月10日に，AはBにコンピューター10台を製作して150万円で売却するとの契約を締結したが，履行期（8月30日）を過ぎても引き渡さなかった。

　Aはそのため，仕事に支障を来たし，C社との契約を不履行してしまった。この場合，AはBに対してどのような請求をすることができるか？

Case 2　Aは，ひとり娘をさきごろ航空機事故で亡くしてしまった。航空会社から見舞金等は支払われたが，損害賠償については，まだ話し合いはついていない。損害賠償の請求はできるか。

　また，できるとして，どのくらいの金額が認められるだろうか。

Introduction

1　損害賠償責任の意義

1.1　損害賠償とは

　今日の私たちの生活は他人との接触を抜きにしては考えられない。したがって，ときには，ある人の行為によって人が財産上，精神上の不利益を受けるという事態の生ずることは不可避である。たとえば，日々生じている交通事故，企業によりもたらされる公害等によって生命・身体・健康が害される。また，火災によって家屋が焼けたという場合，買主が約束の期日になっても代金を支払わないというような場合も，財産上，精神上の不利益が生じる。このような私たちの生活に生じる不利益を一般に損害という（このうち精神上の損害をとくに慰謝料という）。

私たちが健康で，文化的かつ快適な生活をおくるには，このような損害が発生しないにこしたことはない。しかし，現実には損害発生の危険がいちじるしく増大している。そこで，もし損害が発生したら，できるかぎり損害が生じなかったと同じような状態にもどすことを考える必要がある。これを損害賠償という。

1.2　責任の種類

損害を生じさせたりした場合の責任には，公法上の責任と，民事上の責任とがある。

(1)　公法上の責任

公法上の責任には，刑事上の責任と行政上の責任とがある。

刑事上の責任としては，たとえば，ガスもれ中毒事故等では，業務上過失致死罪が問われる。水俣病事故でも同様の罪で起訴されている。また今日，廃棄物処理法違反，水質汚濁防止法違反，河川法違反等の，いわゆる公害罪でも起訴されている。

また，行政上の責任としては，宅地建物取引業の免許の取消という制裁を受けることもある。

(2)　民事上の責任

民法は，われわれの社会における商品交換を司っている法律といえる。その基本的な考え方は，すべての個人は，意思の自由が保障され，各人の生活関係は，原則として自分の自由な意思で処理できる点にある（私的自治の原則という）。そうした考え方を認める以上，その裏には，自己の意思によって形成した法律関係は，当然誠実に履行するとの合意が暗黙のうちになされていると思われる。したがって，そうした合意を破った場合には，債務不履行責任を負うことになる（415条）。

さらに，民法が商品交換をとおして民法的生活関係を形成している以上，その過程において他人に損害を与えることが少なくはない。このような場合，契約関係に立たない人々に対しても，相互に権利を守るとの合意の下に暮らしている社会である以上，もし，違法にそれらの権利とか・利益とかを侵害した場

合，被害者に生じた損害を賠償しなければならない。この責任を「不法行為責任」という。

しかし，それらの損害を常に賠償しなければならないとしたなら，経済活動は，活気を失ってしまいかねない。そこで民法は，自分で決めたことを尊重する私的自治を認める以上，自由な取引を保障し（これを契約自由の原則という），その反面，自分に責任のないことに対しては（故意・過失による）責任をとらなくてよい，との考え方を採用している（709条）。

このように，民事上の責任には，契約関係ある者との間での債務不履行責任と，こうした関係のない者との間での不法行為責任との2つがあることになる。この2つの責任は，それぞれの成立要件をみたすと発生するが，どちらも，損害の賠償責任であるという点では一致している。

(3) 企業（組織）責任とは

企業責任とは，資本的計算のもとに，計画的・継続的に営利活動を行う独立の組織体としての"企業（会社）"が負うべき責任をいう。その内容は，企業の構成員（株主・出資者，労働者・従業員）に対する責任（対内的責任）と企業の外にある者に対する責任（対外的責任）とがある。しかし，一般に，企業責任といわれるのは，主として後者の責任である。すなわち，企業の惹き起こした事故により損害を受けた外部の者，ならびに，企業と取引をして損害を受けた消費者・利用者等に対する企業の責任を指している。たとえば，イタイイタイ病訴訟（富山地判昭46・6・30判時635号17頁），四日市公害訴訟（津地四日市支部判昭47・7・24判時672号30頁）などがあげられる。

ただし，第1に，この不法行為責任が過失責任を前提としていることから，企業責任を考えるとき，妥当なものかが問題となる。第2に，次に述べるように，今日の損害賠償責任をめぐる問題を考えるとき，はたして，個人責任を企業責任と読み替えただけでよいのか，もう一歩すすんで，「組織」による責任を考える必要があるのではないか，さらに，企業の存立が「公益」性をもっているとはいえ，その観点から今日，法的責任を考える必要があろう，との議論が出てこよう。

(4) 損害賠償責任の課題

ところで，こうした責任の種類について区別することも必要であるが，それよりも，生じた損害の発生の防止や回復をするためにはどのようにすればよいのか，三者の責任と協調をどう考えるべきかを検討する必要がある（五十嵐清他『損害賠償の法律入門』5頁）。

たとえば，不法行為と責任保険を考えると，加害者に損害賠償を支払うべき資力がなければ，被害者は実際には救済されないことになる。また，企業にとっても，一時に多額の賠償金を支払うことは，企業の存続に大きな影響を与えることになる。そこで，加害者になるおそれのある者が集って賠償基金を集め，事故が発生した場合にはそこから賠償金を支払うことにして，被害者の保障を確実にするとともに，賠償責任を分散させようと図るのである。これが責任保険である。また，より一層の効果をあげるためにこれを強制しようとする，自動車損害賠償保障法による強制責任保険制度がある。最近はこの責任保険の制度が急速に充実してきている。ただし，この保険制度について考えなければならないのは，いくつもの保険責任が生じた場合にどちらの保険責任でいくべきか，たとえば医療事故の例でいえば，医者の方の責任保険の方へ行くとそれは薬のせいだといわれ，薬の方へ行くと医療の過誤だといわれるというように，どちらに行っても救済を得られないおそれがあるので，どこへ行くべきかを決定するものが必要になることもあり，それぞれの観点から検討する必要がある（第11講 7 責任保険制度，174頁参照）。

Issues

2　不法行為による損害賠償を求めるための要件

2.1　不法行為責任

(1)　不法行為と不法行為制度

　われわれの社会生活においては，人や企業の行為・活動が，時として種々の形で他人の種々の利益を侵害することがある。こうした際，その行為・活動によって他人に与えた損害を賠償する責任が生じた場合，その行為を「不法行為」という。

　不法行為制度は，私人間の関係として，被害者の被った損害を公平に配分して，被害者の救済をはかる制度である。

　民法709条は，「故意又は過失に因りて他人の権利を侵害したる者は之に因りて生じたる損害を賠償する責に任す」と規定している。この規定を素直に読むと，加害者がどのような行為で被害者に損害を与えたかということは問題とせず，どのような行為であれ，故意または過失により他人に損害を与えれば，賠償責任を生ずるとする。したがって，民法709条は，加害行為の種類，態様を問うことなく適用される一般的・包括的な定めといえる。

　一般的不法行為とはそうした意味において用いられている。これに対して，自己の行為によらず，他人の不法行為に対して責任を負う場合，これを特別的(特殊)不法行為とよんでいる。

　以上のように，民法は，自己の故意・過失によって他人に損害を与えた者が損害賠償責任を負うのを原則としている (709条)。しかし，それだけでは被害者の救済が充分ではないので，特別の場合には，たとえ他人の行為によって生じた損害あるいは自己の故意・過失によらないで生じた損害についても賠償責任を認めている。また，一般の不法行為にあっては，被害者が加害者の故意・過失，権利の侵害，因果関係の存在，損害の発生等を挙証しなければならないが，特殊的不法行為のあるものは，加害者がそれらについて挙証しなければならないというように挙証責任を逆にしているものもある。

(2) 不作為不法行為

　不法行為は，何らかの行為により他人の権利を侵害した場合を対象とする。したがって通常，いわゆる積極的に行為をした場合(作為)が問題となる。しかし，なにもしなかったことが，かえって，違法と法的に判断されることがある。それは，作為義務を負わされている場合である。作為義務は法規にもとづいて生ずることもあり（たとえば船長は，船員法13条・14条で救難義務を負うが，これは同時に私法上の作為義務でもある），他人に対し侵害行為または危険行為（他人を川につき落としたり，有毒アルコールを販売するなど）をした者には損害避止のための作為義務が課せられる。これらは先行行為にもとづく作為義務である。先行行為が違法・有責であると，損害避止義務違反は相対的行為に吸収されて注意義務違反を構成するが，先行行為が責任をもたらさない場合，損害避止義務違反が独立の不作為不法行為を構成する。たとえば，学校の教師が，いじめが校内にあることを知りながら，これを放置したため，生徒に被害が生じた場合などがそうである。

　最近の裁判例では，いわゆる「ニフティサーブ事件」第一審判決がある。これは，パソコン通信を利用したフォーラムの電子会議室において，特定の会員をやゆ・侮辱する発言が書き込まれて特定会員の名誉が毀損された事案につき，発言の一部についてその存在を知り，同発言が会員規約にも違反するものであると認識しながら，これを削除せず放置したシステム・オペレーターの責任が問題となった事案である。「不作為による不法行為が成立するためには，その要件として，(1)結果回避のため必要な行為を行うべき法律上の義務を負う者が，(2)故意・過失により結果回避のために必要な行為を行わず，(3)その結果損害が発生したことが必要である」とし，パソコン通信を利用したフォーラムを管理・運営するシステム・オペレーターには，フォーラムに他人の名誉を毀損するような発言が書き込まれていることを具体的に知った場合には，その地位と権限に照らし，その者の名誉が不当に害されることがないよう必要な措置をとるべき法的義務がある，とした（東京地判平9・5・26判タ947号125頁）。

　このほか，条理からも作為義務は生じうる。たとえば，川で溺れかけている者を見た通行人は，消防署・警察等に容易に連絡しうるのに無為に通り過ぎた

場合，相当額の慰謝料支払を命ぜられるべきかも問題となる。

2.2 一般的不法行為の成立要件

一般的不法行為の成立要件とは，民法709条に掲げる要件のことをさす。この要件と異なる要件をもっている特別(殊)の不法行為の成立要件に対置する言葉である。

すなわち，(1)故意または過失によって，(2)責任能力のある者が，(3)他人の権利もしくは利益を違法に侵害し，(4)この行為によって，(5)被害者に損害を与えたこと，である。これらの要件は，行為者自身の内部(心的状態)に関するものと，外的現象として現れる加害行為に伴うものとに分けられる。前者を主観的要件，後者を客観的要件とよんでいる。したがって，(1)・(2)が主観的要件であり，(3)，(4)と(5)が客観的要件となる（通説）。

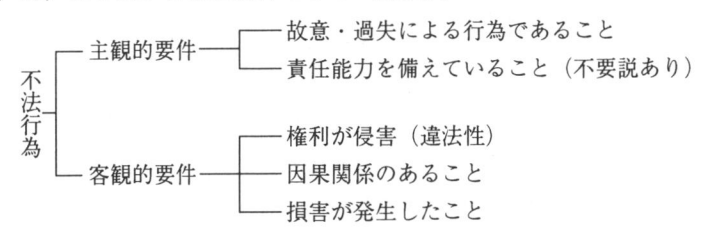

```
            ┌─ 主観的要件 ─┬─ 故意・過失による行為であること
不法行為 ─┤              └─ 責任能力を備えていること（不要説あり）
            │              ┌─ 権利が侵害（違法性）
            └─ 客観的要件 ─┼─ 因果関係のあること
                           └─ 損害が発生したこと
```

不法行為が成立するためには，損害賠償責任を負わされてもしかたがないだけの主観的事由（帰責事由）が加害者に存在することが必要である。

主観的要件の一つ目は，侵害が加害者の故意・過失にもとづくということとなる。

(1) 故意・過失

故意とは，一定の結果（他人の権利・利益への侵害）の発生を認識しながら，これを認容して，行為をする心理状態をいう。たとえば，AがBに対してけがをさせてやろうと思い，Bを殴ったという場合である。なお，故意も過失もともに不法行為の成立要件とされているので，両者を厳格に区別する実益はあまりない。故意による不法行為は比較的例が少なく，むしろ社会的に大きな重要性をもつものは過失による不法行為である。

過失とは，一定の結果の発生を認識すべきであったのに，それへの注意をお

こたり，結果の発生を認識しないという心理状態をいう。たとえば，Aが，自分の自動車の後にいるBに気づかずに自動車をバックさせ，Bにけがをさせたような場合である（なお *Expand* 20頁以下参照）。

　不法行為にあっては，刑法と異なり，故意が特に重要だということはない。故意も過失も損害を塡補する（損害賠償をする）という点では差異がないからである。もっとも，慰謝料の算定等では稀ではあるが，若干差が生ずる場合がある。そうしたことから，民法上では故意と過失を一緒にして過失責任と呼ぶ。

　前述したように，大企業の発達に伴って無過失責任という考えを生み出し，判例も，大企業や国家・地方公共団体の不法行為による責任を認めるについて，過失の認定に甘い傾向を示している。過失の前提になる注意義務というのは，そのような注意義務を払えば結果の起こるのを予見できたのに，その義務を払わなかったために結果が生じたことが過失とされるのである。たとえば，薬害について考えると，被害発生当時の文献をよく見ておけば，この薬を服用するとどんな結果が生ずるかの予見ができたはずであるのに，それを怠ったということが過失となると考えるのである。しかし，過失の概念については，最近いろいろな説が主張されている。たとえば，われわれはある行為をする場合には，当然その行為から発生する結果を回避する義務があるのであり，そのような結果が発生すれば即過失があると認めるという結果回避義務等も主張されている。重要なことは，この過失については業務によって分類をし，それぞれの業務についてどのような注意義務が要求されるかを具体的に整理することである。また，今日の不法行為責任の問題（医療事故，食品事故等）を考えるとき，行為者の行為の組織における，またはその行為についての上司の監督上の過失の問題，すなわち，いわゆる「組織的過失」という問題をどのように考えるかが，これからの問題となると思われる。

　なお，失火によって近所に損害を与えた，つまり類焼させたような場合には，「失火ノ責任ニ関スル法律」によって，故意または重大な過失が要件とされている。これは，日本では木造家屋が多いために損害が拡大することを考えているからである。しかし，最近はこのような考え方は，今日の建築技術との関係から妥当でないと主張する者もでてきている（澤井裕『失火責任法の研究』参照）。

(2) 責任能力

　主観的要件の第2は，行為者に責任能力があることである。加害者に責任を負わすためには，加害行為が違法であるか否かを弁識するだけの能力，すなわち，加害が現実に故意に行ったり，過失によってなすだけの精神能力のあることをいう。具体的には，損害賠償責任を負いうる精神能力を有することが必要と考えるからである。これを責任能力と呼んでいる。この責任能力のない者には，2つの種類がある。

　(ア) 未成年者　ここにいう未成年者とは，自分の行為の責任を弁識するに足るだけの知能を備えていない**未成年者**であり，この者には責任能力がない。「弁識するだけの知能」とは，自分のした行為は損害賠償をしなければならないような行為だと認識するだけでなく，損害賠償という難しい問題を生じそうだということを知る能力だとされている。判例によると12，13歳を1つの標準と考えているようである。

　そうすると，次のようなことになる。たとえば，14歳の少年が自転車を走らせているうちに子供をひいて重傷を負わせた場合，判例によれば14歳であれば責任能力があるから，被害者は14歳の子供を相手取って損害賠償を請求することになり，結局財産がないので実現不可能ということになる。ところが，11歳の少年が同様の行為をした場合は，民法714条によって親権者が損害賠償の責任を負うことになるので，損害賠償も十分にとることができる。この両者を比べると，そこには矛盾を感ずる。したがって，次のような笑い話すらあるのである。例えば，13歳の子供が今のような事故を起こした場合に，親の方からみるとその子が責任無能力者とされると714条で親の方にかかってくるので，この子は小さい時から精神能力がすぐれていた，つまり責任能力があると主張し，その子が賠償責任を負うことにして，結局財産がないのでとれないという結果になる。逆に被害者の方からみるとその子を責任無能力者として，714条で親の方から損害賠償をとったほうが得策であるから，その子は昔から精神能力が劣っていたと主張することになる。このような事故における主張についてはどう考えても，矛盾を感ぜざるを得ない。そこで，最高裁判所は，近時親権者の監督義務と未成年者との加害行為の間に因果関係があると考えられた場合，前

例でいえば，親が子供を十分に監督していなかったためにそのような事故を起こしたという証明ができれば，親権者自身の不法行為となり，親に対して損害賠償の請求ができると判示したのである（最判昭49・3・22民集28巻3号347頁）。

　(イ)　**事理弁識能力を欠く者**　　たとえば，精神病者である。事理弁識能力を欠く原因は問わないといわれているが，条文上は「精神上の障害により」となっていることから，それ以外の原因による場合をどのように取り扱うかは問題となろう。事理弁識能力を欠く者が他人に損害を加えた場合，その不法行為責任は免れる。ただし，酒に酔って乱暴を働いたように，過失によって一時の心神喪失を招いたような場合は責任を負う（原因において自由な行為）。

　(ウ)　**責任能力と過失**　　故意・過失においては，自己の行為の結果を予測しそれを回避するために一定の判断能力が前提とされ，したがって，責任能力の存在が，故意・過失を行為者に認めるための論理的前提であると理解されてきた。しかし，今日の判例・通説は，不法行為上の過失は当該行為者の能力を基準とした具体的過失ではなく，一般平均人の注意能力を基準にする抽象的過失だと理解している。そうすると，これまで述べてきた責任無能力者とされる者にも平均的な注意が要求されることになり，責任能力が故意・過失の当然の前提とはいえないことになる。そうしたことから，責任能力と抽象的過失は論理的に矛盾するというものがある（石田穰『損害賠償法の再構成』32頁）。しかし，具体的過失とは何かについては個別具体的に決定する必要があること，行為者の能力を個別的に判断して，自己の行為の法的意味すら有しない者は712条・713条により免責されるが，その程度の能力ありと判断された者には平均的な人間に求められる注意を要求することが社会生活を円滑に営んでいくうえで必要なことであり，被害者との関係における公平な調整でもあるから，抽象的過失説を妥当とするものがある（澤井裕『事務管理・不当利得・不法行為』（第3版）173頁以下）。さらに進んで，責任能力は不法行為責任の積極的要件ではなく，その能力において著しく劣る者を保護するという政策的考慮にもとづく制度であるとするものもある（加藤一郎『不法行為』141頁，前田達明『民法Ⅵ 2（不法行為法）』65頁，森島昭夫『不法行為法講義』138頁）。こうしたことから，はたして，責任能力という要件が，今後も必要かは論議する必要がある。筆者は，過失相殺能力との関

係で，必要と考えている。

　不法行為の成立により，被害者の損害は加害者に転嫁される。そこで，加害者の行為により損害が生じ，被害者の権利に対する加害者の行為にもとづくものであるという客観的事由が要る。これを客観的要件という。

(3) 違法性＝権利の侵害

　民法709条の条文によると，**「権利ノ侵害」がある**ことと定め，たとえ他人に損害を与えても，それが法で認められた権利に対する侵害でなければ，損害賠償責任は生じないとも読める。学説はこれを，「違法性」があるというように読んでいる。

　民法は，他人の権利を侵害する行為がなければ，不法行為の責任は発生しないとしているのである。

　㈦　**判例の考え方**　判例は，初め権利という文字にとらわれて，これを厳密に理解しようとした。むかし，桃中軒雲右衛門という有名な浪曲師の浪曲を吹き込んだレコードに著作権が成立するかどうかが争われた事件がある（**雲右衛門事件**）。それは，そのレコードの製造販売権を持っていた者の許諾なくして，今日でいうダビングをして，製造販売したことから，著作権侵害を理由に損害賠償責任が追及された事件である。大審院は，「浪花節ノ如キ比較的音階曲節ニ乏シキ低級音楽ニ在リテハ演奏者ハ多クハ演奏ノ都度多少其音階曲節ニ変化ヲ与ヘ因テ以テ興味ノ減退ヲ防キ聴聞者ノ嗜好ヲ繋クノ必要アルヲ以テ機ニ臨ミ変ニ応シテ瞬間創作ヲ為スヲ常トシ其旋律ハ常ニ必スシモ一定スルモノニアラスシテ斯ル瞬間創作ニ対シ著作権ヲ認ムルカ如キハ断シテ著作権法ノ精神ナリトスルヲ得ス而シテ本件雲右衛門ノ創意ニ係ル浪花節ノ楽曲ニシテ前示ノ如ク確乎タル旋律ニ依リタルモノト認ムヘキ事蹟ノ存セサル以上ハ瞬間創作ノ範囲ヲ脱スルコトヲ得サルモノニシテ之ヲ目シテ著作権法ニ所謂音楽的著作物ト謂フコトヲ得ス」と判示した。やさしくいうと，浪花節の演奏者は演奏の都度，曲節に変化を与えていること，そもそも音楽というものは，メロディを客観的に再現するものでなければならず，音譜があるとか，あるいは万人の脳裡に同じメロディとして刻みこまれているようなもの(民謡)でなければならないという。雲衛門節は非常に即興的で再現ということは非常に少ないから音楽ではな

いと判断した。したがって、浪花節には音楽著作物としての著作権は成立せず、したがってそれを侵害しても権利の侵害にはならず、「正義ニ反スルハ論ヲ俟タザル所ナリト雖モ」責任を問えないという判決をした（大判大3・7・4刑録20輯1360頁、〔判評〕新美育文他・不法行為法（法学セミナー増刊）99頁、大家重夫・著作権判例百選（別冊ジュリスト91）162頁）。しかし、この判決については、著作権とか××権とかいう「権利」を侵害したのでなければ不法行為は成立しない、ということには強い疑問が主張された。

その後10年程経って、風呂屋のノレン権（老舗）が侵害されたかどうかが問題になったのが**大学湯事件**である。これは、建物を借り、老舗料（950円）を払って「大学湯」という名の浴場を経営していた者が、賃貸借終了により立ち退いたが、家主が、新たに、新賃借人に賃貸したので、自分が価値を高めたこの老舗（時価2,000円）を売ることができなくなった。そこで、家主にこの老舗の買取りを請求したところ拒否されたので、「老舗」を喪失させたことの不法行為責任を求めた。「当該法条ニ「他人ノ権利」トアルノ故ヲ以テ必スヤ之ヲ夫ノ具体的権利ノ場合ト同様ノ意味ニ於ケル権利ノ義ナリト解シ凡ノ不法行為アリト云フトキハ先ツ其ノ侵害セラレタルハ何権ナリヤトノ穿鑿ニ腐心シ吾人ノ法律観念ニ照シテ大局ノ上ヨリ考察スルノ用意ヲ忘レ求メテ自ラ不法行為ノ救済ヲ局限スルカ如キハ思ハサルモ亦甚シト云フヘキナリ」といい、大審院は従来の態度を変更して、709条にいう権利というのは、物権、債権、無体財産権というような具体的な権利に限定されるべきではなく、不法行為制度からみた場合に救済を必要とする利益であればよいとして、ノレン権の侵害を認めたのである（大判大14・11・28民集4巻670頁）。

(イ)　**権利侵害から違法性へ**　以上のような判例の推移とともに、学説はこの理論を発展させていった。すなわち、大学湯事件では、老舗を売買等の取引の対象となるものとし、これを法規違反の行為により売却の機会を奪ってしまったとし、「その得べかりし利益を喪失せしめたならば、不法行為賠償請求権により保護する必要がある」とした。しかし、「法規違反」の行為というが、特定の「法規」があるわけではない。したがって、「違法」という意味となる。そこで、権利の侵害を行為の違法性のシンボルだというように考え、結局違法

に他人に損害を与えるという意味だと理解するようになった。戦後に立法された国家賠償法は，明らかにこのことをうたっている。

　こうした行為の違法性は，どのような基準で判断されるかというと，侵害行為の態様と侵害される利益との相関関係で決すべきであると解されるようになった。すなわち，侵害される利益が強い場合は侵害行為の態様はそれほど問題にならないが，侵害される利益がはっきりとした形を伴わない場合には侵害行為の態様が特に問題となるのである（たとえば，信用の侵害など）。このような考え方は，たいへん弾力的であるから，被害者の救済には非常に役立つが，その反面過失との区別即ち主観的要件との区別がつかなくなったのである。

　たとえば，デマをとばして相手方の信用を傷つけたという場合，人の信用というのは大変漠然としたものであるから，相関関係の理論に従えば，行為の態様つまりここではデマをとばしたといっことが重要な決め手になる。そうすると，デマをとばすということは故意ですることであるから，故意と違法性との考え方，つまり主観的要件と客観的要件とが，ここでは重なってしまうことになる。民法は主観的要件と客観的要件とをはっきり区別しているのに，その区別がつかなくなる点が不当だという非難がなされている。また，違法性という概念を使ったために権利という概念がおろそかにされ，そのためにわが国で権利の確立が行われないようになったともいわれている。

　そこで，最近これらの欠陥を是正するために，**受忍限度論**という考え方が主張されている。これは，主観的要件と客観的要件を融合して，被害者を中心に考えようとするものである。さらに，権利を再構成すべきだという意見も出ている。このように違法性の点については問題が多いことを指摘しておく。

　(ウ)　**違法性の判断基準**　　違法性を侵害された利益の面からみると，財産権と人格権に区別できる。

　(i)　**財産権の侵害**　　財産権が侵害された場合としては，①所有権その他の物権の侵害がある。所有権その他の物権は，すべての人に対する権利として非常に強いものと構成されているから，その侵害は原則として違法性を帯びる。漁業権・鉱業権等の準物権，著作権・特許権等のいわゆる無体財産権の場合も同様に考えてよい。②債権が侵害された場合で債権の第三者による侵害が不法

行為になるかについては，論争がなされたが，現在では判例・学説ともにこれを認めている。

　第三者が債務者を監禁して債務の履行をさせないようにした場合には，債権者はその第三者に対して，債権の侵害として賠償責任を追及することができる。債権の侵害で特に問題となるのは，債務者の債務不履行に加担して債権の本来の内容の実現を不可能にするあるいは著しく困難にさせた場合に，違法性をもつかどうかということである。その行為が公序良俗に反する場合には不法行為になるが，自由競争の範囲内と認められる場合には違法性を帯びないと解されている。たとえば，AがBに土地を売り，買主Bが未登記でいる場合に，CがさらにAからこれを買い受けて登記をした例で考えると，この場合にCが自分の商売上どうしてもその土地が欲しい，その土地を手に入れて商売を拡張する必要があると考えた場合には不法行為にはならないが，Cが以前からBに対して恨みを抱いていたので，Bの買った土地が未登記であるのに乗じて，Bに打撃を与えるためにAを説得してその土地を買い登記をしたような場合には，Cの行為は違法性があるとされ，不法行為が成立する。

　(ii) **人格権の侵害**　今日その侵害が重大なものとして「人格権の侵害」がある。人格権というのは，われわれの肉体を前提として成立する権利のことを指す。民法710条は，財産権の侵害の他に，身体・自由・名誉の侵害も不法行為になる旨を規定しているが，これは人格的利益の例示と見るべきものであって，この他に貞操・氏名・肖像等も含まれると考えてよい。

　名誉侵害　名誉とは，ある人に対する社会の評価のことを指し，この評価を低下させることが名誉毀損となるのである。評価を低下させることが真実であったとしても，名誉毀損に該当することを否定できない。ただ，公益のために名誉毀損行為をなし，しかも真実であるという証明ができれば，名誉毀損について違法性を阻却することになろう（第6講参照）。

　プライバシー侵害　プライバシーというのは，私生活をみだりに公開されたくないという感情を法的に保護する場合をいう。プライバシーの侵害も近時，特に問題になり，その侵害がひどい場合は違法性を帯びることになる。名誉にあっては，社会という存在が必要なのに対して，プライバシーではそのような

存在を必要としない点に両者の大きな差異がある（第6講参照）。

インミッション・ニューサンス　われわれの生活で，音響・振動・媒煙・臭気・通風妨害・日光遮断等の生活妨害は大きな問題である。大陸法ではイミシオン，英米法ではニューサンスと呼ばれる。その影響するところは非常な広範囲にわたるので，これを一括して公害問題として取り扱われる傾向にある。判例は，権利濫用の法理をもって不法行為になるとしてきたが，最近では侵害行為がわれわれの受忍限度を越えれば直ちに違法性があるというように構成するものが多くなってきた。公害問題については後述する（172頁参照）。

なお，**侵害行為の態様**からみると，刑罰法規に違反した行為や取締法規に違反した行為は，違法性がたいへん強い。また，虚偽の風聞を流して商売敵を陥れるというような行為は公序良俗に反する（90条）といえ，違法性をもつことがある。権利の濫用も場合によっては違法性を帯びる。

(エ)　**違法性阻却事由**

今までみてきた基準から，一応違法性があるとされる行為も，特定の事由があるときには違法性がないとされることがある。この事由のことを違法性阻却事由という。

(i)　**正当防衛**　他人が不法に殴りかかってきたので殴り返して傷つけたというように，他人の不法行為に対して自己または第三者の権利を防衛するためにやむを得ずした加害行為で，これを正当防衛といい，違法性がない。

(ii)　**緊急避難**　他人の犬が嚙みつこうとしたのでこれを撲殺したというように，他人の物から生ずる急迫・危難を避けるためにやむを得ずその物を毀損する行為で，これを緊急避難といい，違法性がない。

(iii)　**被害者の承諾**　この承諾が，法令または公序良俗に反しない限り，違法性を阻却する。

(iv)　**その他**　事務管理，親権者の正当な懲戒権の行使，労働組合の正当な争議行為等も違法性を阻却する。

以上のほか，不法行為が成立する客観的要件として，以下のものを必要とする。

(4) 加害行為と損害との因果関係

(ア) **加害行為と損害との間に，自然的因果関係が存在すること**　たとえば，薬による損害の発生の場合，その薬を飲んだからこのような症状になったということがなければならない。この因果関係の判断は，大変困難である。薬の例で考えてみても，動物実験はできても人間に実験することはできないから，完全に因果関係の存在を認めることはできない。そこで，判例では蓋然性という文言を用いる。つまり，因果関係の証明としては蓋然性で足りるとする。この蓋然性というのも難しい言葉だが，この薬の服用以外には考えられないという程度に証明されればよいということである。これを具体的にみてみると，たとえば，スモンの原因はキノホルムであるとされているが，キノホルムを使って動物実験をするとスモン症状を呈するというのが一つのデータであり，もう一つは，キノホルムの発売がなされてからスモン症状が現れ，キノホルムの使用を禁止したらスモン症状が急速に減少したという統計，このような動物実験と統計が備われば，人間が服用すればスモン症状になるという因果関係があるといえよう。相手方がそれを破るためには，人間がそれを服用してもそのような症状は呈さないということを証明しなければならないというよう考えるのである。

(イ) **因果関係の限定**　たとえば，ある会社の課長が，契約をするために出かけ，歩行中工事現場にさしかかった際に上から鉄材が落ちてきて重傷を負った。そこで，入院したために収入が減り，会社にとっても，契約場所に行かれなかったため契約ができなかった。そのために5,000万円の損害を生じ，その取引先が契約に来なかったことに憤慨して，以後の取引を中止した。また，そのためにその会社は次々と取引を中止された。

このように，無限に広がっていく因果関係のつながりを，どの範囲できって賠償させるかが，第2の問題である。判例は，相当因果関係という考え方をしている。それは，債務不履行に関する416条をそのまま不法行為でも使っているのである。相当因果関係というのは，ある不法行為があれば常に生ずるという損害を原則とするのである。特殊な損害については，加害者が予見した場合あるいは予見しえた場合にのみその損害を賠償させるというのである。

鉄材が落ちてきて課長が事故にあい重傷を負ったという先の例でいえば，いつでも起る損害は，課長が重傷を負ったということであるから，契約ができなかったというような損害は入らないのである。ただし，鉄材を落した者に，課長が契約をしに行くはずであったということを予見したか，予見することができるはずであった場合にのみ，これらの損害を賠償すべきだとしている。しかし，この例を考えると，鉄材を落す者に一体予見ということがあり得るだろうか。そこで，直接損害（前例でいえば課長が重傷を負ったこと）と間接損害（前例でいえば，会社が儲けそこなったこと）という概念を組み立て，不法行為によって賠償させるのは直接損害に限るというように考える学説もある。結局，連なっていく因果関係の中で，どの範囲まで賠償させるかということは，法政策の問題でもある。

　たとえば，ある女性が交通事故にあい顔に大けがをし，10日程過ぎて，その女性が顔の傷を苦にして自殺した場合，交通事故により死亡したというように因果関係を考えられるだろうか。

　判例は，因果関係を認めたものもあるし否定したものもあり，結論はでていない。交通事故の状況，顔の傷の状況，被害者の家族の状況，被害者の職業等を勘案して因果関係を認めたり認めなかったりしていると思われる。不法行為による損害をどこまで賠償させるかについて法政策的考慮を入れると非常に不公平になるので，損害と加害行為との間に因果関係があれば，どの範囲で賠償させるかは，画一的に処理すべきであると考えるものもある。このように，因果関係の問題は，現在の不法行為を考える場合，非常に難関の一つとされている。

(5) **損害の発生**

　この損害は，財産的損害に限らず，広く精神的損害も含んでいる。また，物を破壊するというような積極的損害だけでなく，増加すべきものが増加しなかったというような消極的損害も含んでいる。例えば，畑を占拠されたために耕作できなかったので生じた損害等である。

Expand

3 過失概念の変遷

　過失の概念については，最近いろいろな説が主張されている。
　たとえば，われわれはある行為をする場合には，当然その行為から発生する結果を回避する義務があるのであり，そのような結果が発生すれば即過失があると認めるという結果回避義務等も主張されている。特に，公害判例をみると大きく2つの考え方に分かれる。すなわち，被害の発生を予見しあるいは予見が可能であったときは直ちに過失を認定しようとするもの，もう1つは，予見または予見可能性に加えて，最善の防止設備を講じなかったという損害回避義務違反が認められた場合に過失を認定するものである。後者の考えに立つと，予見または予見可能性（予見義務違反）の有無ならびに，損害回避義務違反があったか否かが検討される。
　公害は複雑かつ危険な生産工程に起因することが多く，予見義務はそれに対応して高度化され，予想される危害が重大であれば，損害回避義務も加重される。
　裁判例をみると，たとえば，製造工程から生ずる排水を放流するにあたっては，最高の分析検知の技術を用い，排水中の有害物質の有無，その性質を調査し，危害を加えることのないよう万全の措置をとるべきであり，最高技術の設備をもってしてもなお人の生命・身体に危害が及ぶおそれがある場合には，企業の操業短縮はもちろん操業停止までが要請されることもあるとして，過失を認めた（新潟水俣病事件，熊本水俣病事件）。

4 過失責任から無過失責任へ

4.1 過失責任主義

　民法709条は不法行為の成立要件として，加害者の「故意または過失」を規定している。このように，故意または過失によって他人に損害を与えた場合にのみ不法行為責任を負うとする考え方を，過失責任主義という。

この考え方は，所有権絶対の原則，私的自治の原則とともに民法の基本原理の1つとされており，近代法の理想とする個人意思の自由に由来するものである。

(1) 過失責任主義の社会的機能

　この過失責任主義は，もともと「過失なければ法的責任なし」，ということを意味し，加害者が損害の発生につき，自ら欲したあるいは注意をおこたったという点，つまり，加害者の意思に帰責の根拠を求めるものである。

　したがって，この過失責任主義は，個人の活動の自由を裏面から支えるという機能を有する。なぜなら，故意・過失がなければ不法行為責任を負わされることはないことから，通常の社会人としての注意を払ってさえいれば，たとえ自己の行為によって他人に損害が生じたとしても不法行為責任を負わされることはなく，自己の計算にもとづいて自由な活動を営むことができるからである。

(2) 過失責任主義から無過失責任主義へ

　その結果，資本主義（市場）経済は急速に発展するとともに，そうした経済社会を基礎とする企業も施設の機械化・経営の拡大などによって巨大化した。それに伴って，企業のさまざまな活動から生じる騒音，振動，臭気，有毒ガス，粉塵，汚水の排出なども避け難くなった。企業は，その活動を前提とする限り，それらに対処すべきあらゆる注意または技術的に可能な防止措置を施したとしても，不可避的に周囲に損害を生ぜしめることが多くなってきた。しかし，この場合に過失責任主義を適用すると，このような企業の活動による被害者が救済を受けることはきわめて困難になってくる。

　そこで，このような結果を回避するために，過失がなくても不法行為責任を負わせる無過失責任主義が主張されるようになった。そうした考え方を実現する方法としては，立法によるものもあるが，実質的に無過失に近い責任を負わせようとする解釈によるものがある。

　① 過失の前提となっている注意義務を非常に高度化することによるもの

　たとえば，医療に関する紛争の場合に，開業医と大学病院の医者とでは医者としての注意義務をある程度区別し，大学病院では発表された論文等はすべて目を通すことが当然であるとして，非常に高度な注意義務を課し，その結果と

して無過失責任に近い責任を負うことになるのである。

② 過失を推定するもの

たとえば、ある事故が発生した場合、その事故は過失があるから起ったのであり、過失がないことを加害者が挙証すべきであるとするのである。この挙証は簡単ではないことから、実質的には無過失責任に近い結果をもたらすこととなる。

③ 法規の解釈によってもある程度無過失責任を実現するもの

すなわち、民法規定中、無過失責任の規定と考えられている717条にいう「工作物」概念を拡張して解釈するものである。たとえば、列車事故で、鉄道とはレールだけでなく、道路と交錯すれば踏切の設備を設け信号を完全にするというようなものをすべて含めて考えるのである。したがって、道路と交錯する踏切に設備がないために事故が発生した場合には、あるべきものがないということになり、これを一つの瑕疵と考えるのである。

4.2 無過失責任主義

ところで、過失責任主義が前提としているのは、市民社会における個人対個人の関係であって、大企業（組織）の活動についてまで考慮に入れたものではなかった。こうしたことから、無過失責任主義は過失責任主義に対する反省から生まれたものである。大企業においては、その活動自体が従来存在しなかった新たな危険をつくり出しており、その危険性を伴った企業活動により利益をあげているのだから、このような場合には過失責任主義をとることなく、企業活動の結果として周囲に与えた損害に対しては、当然にこの企業に責任を負担させるのが公平かつ正義にかなう、という考え方にもとづいている。では、こうした無過失責任はどのような根拠から認められるだろうか。

(1) 報償責任と危険責任

無過失責任主義における責任の基になる理由として、報償責任と危険責任をあげる。しかも民法では715条の使用者責任が報償責任に近い規定であり、717条の工作物責任が危険責任に近い規定であるといわれていることも相まってのことである。無過失責任主義はこの両者を根拠として主張される非常に抽象的

な主義で，その適用場合も必ずしも明らかとはいえずこれをそのまま具体的な各個の不法行為責任を認める直接の根拠とすることはできない。

(2) 例外としての無過失責任主義

したがって，大部分の不法行為については過失責任主義をとりながら，先に述べた大企業の経済活動による被害の場合などのように，過失責任主義をとると被害者の救済にとって不適当である一定の場合に，無過失責任主義は例外的に適用されるものであるといわなければならない。ただし，この例外も経済活動の進展に伴って拡大していく。

現在，無過失責任が認められているのは，公の営造物の設置・管理の瑕疵にもとづく国・公共団体の責任（国賠法1条2項），鉱害賠償責任（鉱業法109条以下），原子力責任（原子力損害の賠償に関する法律），労働災害についての使用者責任（労働基準法75条以下），大気汚染および水質汚濁により人の健康を害した事業者の責任（大気汚染防止法25条，水質汚濁防止法19条）などである。

このように，不法行為についての無過失責任のもとになる理由とされている報償責任とか危険責任は，従来のオーソドックスな考え方である。しかし，最近では不法行為制度を見直そうという意見が強く主張され，いろいろな構成が試みられているが，通説といえる学説はいまだ現われていない。

5　個人責任から組織責任へ

さらに，今日の損害賠償のもう1つの問題は，いわゆる「企業責任」をどのように考えるかである。今日の企業における第三者への不法行為は，いわゆる「組織」としての不法行為という側面が否定できなくなりつつある。たしかに，企業責任という考え方は，こうした点を配慮して出てきたともいえる。しかし，根本的に，不法行為による損害賠償の成立要件である「過失」の前提である，「～行為義務違反」の有無を判断するには，特定人の行動を対象にすることになる。そもそも「企業」の過失という観念は，結局，企業を擬人化し，認定することになることから，「比喩」にすぎないとの鋭い指摘もある（平井宜雄『債権各論II不法行為』227頁）。

たしかに，民法はこうした場合の解決策の一つとして，「使用者責任」（民715

条）を予定していたといえるが，以上の問題点を考えるには，その機能を再考する時期に来ていると思われる。それは，そもそも使用者責任が，民法の原則としての個人主義を基礎におくものであるからである。また，民法44条の法人の責任は，組織の長にその責任を求めるものであるが，今日の公害，医療過誤，食品汚染等にみられるなど，その損害賠償責任の実態が企業運営の瑕疵（組織的過失）であることにあると思われ，そのための責任のもとになる理由にはやはりなり得ない。今日，団体とか，組織なくしてはあらゆることができないことは否定できない。そうしたことから，民法の損害賠償法の問題は，その法理を「個人責任」の問題から「組織責任」としての構成へ移行することも考えてみる必要があるのではなかろうか。たとえば，裁判例でも，教師・教諭個人の責任を問うのではなく，その組織に責任を負わせるというものがあるようである（国賠法1条）。

ホフマン方式
　民法では，不法行為の損害賠償について，生命・身体侵害による逸失利益の計算に用いられる。これには，単式と複式とがある。前者は，被害者の推定稼働時間の総収入を最終時に取得するものと仮定し，その金額から中間利息を控除し，後者は，稼働可能期間を数期に分け，各期末にその期間中の収入金額を取得するものとして，その金額からその期における中間利息を控除し，それらを合算する。今日の判例では，複式を採用している。

◆損害賠償法用語ミニ辞典◆

第2講 債務（契約）の不履行による損害賠償

Case 3 Aは，他に転売する目的で，Bからある商品を買い入れる契約をした。ところが，Bの使用人Cは，Bから履行期にその商品を納入するように言われていたにもかかわらず，うっかりして履行期を徒過してしまい，未だ納入していない。Aは，その商品の価格が暴騰したので早急に納入するようBに言ったが，Bはてっきりcが納入したと思い，ほっておいたところ，今度は，価格が暴落したため，Aは契約を解除し，その暴騰したときの価格から売買代金を差し引いた金額を損害額として請求した。妥当か。

Introduction

1 契約不履行・債務不履行一般

1.1 債権の意義

　債権とは債務者に対して一定の行為（一定の行為を給付という）をなすべきことを請求する権利である。一定の行為には作為と不作為とがある。民法は大きく権利の対象について，債権と物権とに分けた。その性質や働きのちがいは，一般に排他性のないことといわれている。つまり，物権は同じ目的物の上に同一の内容の物権が一つしか成立しないが，債権では，同一債務者に対し同じ内容の債権がいくつでも成立する。たとえば，AがBとCに対し，同日・同時刻に異なる場所でピアノを演奏すると約束するように，事実上は両立できないような約束をしても，債権としては有効に成立する。この場合に，一方が履行されれば，他方は損害賠償の問題になるだけである。

　また，債権は相対的であり，物権は絶対であるともいわれる。債権は債務者

という特定の人に対してのみ主張しうる権利（通常は，約束したもの同士の間でのみ）であり，物権は誰に対しても（世間の人々誰に対しても）主張できる権利である。

では，もし，当事者以外の者（第三者という）が違法な形で債権的権利（たとえば，買主としての権利）を侵害をした場合に，債権者はその第三者に対して損害賠償の請求をすることができるだろうか。できるとすれば債務者以外の者に対しても権利を主張できることになる。かつては，債権の相対性の論理から，債権侵害は不法行為とはならないとしていたが，現在では第三者による債権侵害について不法行為の成立を認め，債権者に救済を与えている。その意味では，債権も物権と同じように，すべての人に対してその存在を主張することができるようになったといわれ，相対性・絶対性という区別は本質的なものではないとされるようになった。

1.2 債務者の保管義務（善管注意義務）

民法400条は，債務者は，特定物の引渡を目的とする債権について，当該特定物の引渡をなすまで「善良ナル管理者ノ注意ヲ以テ（善良な家父の注意）」その物を保管（保存）しなければならない旨定めている。「善良なる管理者の注意」（善管注意という）とは，その譲渡（意思表示によって権利を移転すること）の有償であるか無償であるかの区別なく，債務者の職業，その属する社会的・経済的地位などにおいて一般に要求される程度の注意をいう。ドイツ民法では「取引上必要な注意」（ド民276条）といい，ローマ法，フランス民法では「良家の父の注意」という（フ民1137条）。たとえば，不動産取引業者が業として取引を行う場合には，宅地建物取引主任者としての注意を必要とする。これに反すると，場合によっては，損害の賠償の責任を負うことになる。

ところで，この概念は，各人が日常，自分の能力に応じ，自己の物を保管する注意，すなわち，民法のいわゆる「自己の財産におけると同一の注意」（659条），「自己のためにすると同一の注意」（827条）に対置される。一般には，「善管注意」の方が，「自己の財産におけると同一の注意」等よりレベルの高い注意であり，前者の注意を怠ることを抽象的軽過失，後者の注意を怠ることを具

体的軽過失という。通常，民法で過失というときはこの抽象的軽過失をさす。

「保存（保管）」とは，特定物の事実上・法律上の維持に必要な行為をいう。自然的または人為的滅失・毀損から物を保護し，物の経済的価値を維持すること（於保不二雄『債権総論〔新版〕』29頁）をいう。したがって，物の腐敗・変質を防ぐ行為は保存である。たとえば，不動産売買では，更地は更地として，建物は原状において保管することを必要とする。登記の管理もこれに入る裁判例によれば，賃借人が損傷，朽廃はなはだしい従物である物置を無断で，改築，好位置に移転することは保管義務に反しない（東京地判昭28・3・12下民集4巻3号374頁，同旨最判昭46・7・1判時644号49頁）。その性質は，目的物の所有権の帰属いかんにかかわりなく生ずる義務であり，他人の所有物の占有者として負担する義務ではなく，特定物について自己の占有を移転すべき義務を負っている占有者に負わしめた義務である（注釈民法⑩〔金山正信〕3頁）。なお，債権者が引取に来ないとか，受領が遅滞している場合の保存の費用は，債権者が負担することになる（民法485条の類推適用）。

では，債務者の保管義務に違反した場合の責任はどのようなものであろうか。債務者が保管義務に違反すると，責めに帰すべき事由があったことになり，債務不履行による損害賠償の責任を負うことになる（415条）。なお，前述のように，400条の趣旨が，特定物の引渡を目的とする債務者の，その物の保存について必要な注意の原則を定めたものであるが（我妻栄『新訂債権総論』26頁），その保管義務の内容は当事者の定めた法律関係ないし契約の性質によるのであり，今日，その定めの意義は少ない。

さらに，債務者は，物の引渡をなすまで善管注意をもって保存義務を負う。履行期までという意味ではない（通説）。ただし，①履行期にすでに責めに帰すべき事由によって遅滞にある者は，たとえ，その後の履行につき善管注意を尽くしたとしても全責任を負う。②債権者が受領遅滞に陥った場合は，債務者の注意義務は軽減され，故意・重過失についてのみ責任を負う。したがって，履行期後，引渡までの間で，債務者が善管注意を負うのは，結局，履行期に履行しないことの理由が不可抗力である場合，留置権（295条），同時履行の抗弁権（533条）が付着し，履行しないことが違法ではない場合（すなわち，①②に

あたらない場合）といえる。

1.3 債権の効力
(1) 債権の効力と債務不履行

債務者が、その責めに帰すべき事由で、債務の本旨に従った履行をしないことを債務不履行という。このような債務不履行があった場合に、国家が権利者の自力救済（自分の力で権利の内容を実現すること）を禁止している以上、国家は何らかの手段により債権者を保護する必要がある。債権者の方からいえば、債務者が履行しない場合には、国家に助力を求めることができるということになる（この保護・助力の手段を総称して債権の効力という）。債権の効力は、当然、履行請求権、その発生原因が契約による場合は、契約解除権も生ずる。債権の効力として一番大事なのは、履行請求である。

債務を履行しない債務者に対しては、債権者は裁判所に訴えを提起することができ、裁判所は債権の存在を確認してその弁済を命じることになる。その手続は、民事訴訟法に詳細に規定されているが、判決があっても債務者が履行しない場合が少なくない。そこで、債権者は国家（裁判所）の強制力によって債権の内容をそのまま実現してもらう。これを「現実的履行の強制」という。「現実的」とは「そのままに」という意味である。

(2) 現実的履行の強制方法

現実的履行の強制方法には、直接強制、代替執行、間接強制の三種がある。

(ア) **直接強制** 特定の物を引き渡すという債務（与える債務）について認められる方法。国家が特定の物を債務者から取り上げて—債務者の占有をといて—債権者に交付するというような例。ただ、金銭を給付する債務については、債務者の財産を競売に付し、その代価のなかから債権者に交付する。この方法は、いわゆる為す債務については行えない。

(イ) **代替執行** 債務者が履行しない場合に、第三者に債務の内容である行為をさせて、その費用を債務者から強制的に取り立てる方法である（たとえば、あるS工務店が建物を解体すると約束したのにその債務を履行しない場合、注文主が他の業者に解体させて費用をSに負担させるというように）。この方法

は，「～をなす」という債務について認められるが，名演奏家の演奏とか有名画伯が絵を描くというように，第三者が代わってしたのでは債務の履行とならないような債務（代替性のない債務）については許されない。また，独占的な企業のように，これをやるべき第三者がいない場合も同様である。では，こうした場合はどのようにすればよいのか。この場合には，次の「間接強制」という手段によるしかない。なお，代替執行が可能な場合には，間接強制によっても目的を達しうるけれども，できるだけ人格的強制を回避しようとする立場から，常に間接強制は許されない，と解されている。

(ウ) **間接強制** 裁判所が債務者に対して，一定の期間内に履行しないときは，拘留・罰金・損害賠償の支払などを命じて，債務者の意思を強制して履行させる方法である。ドイツでは罰金・拘留による間接強制を認めているが，わが国では，損害賠償の方法を認めるのにとどまっている。たとえば，電話の架設をしない公社に対して，1週間内に履行しなければ，1日に5万円ずつの損害賠償を命ずるというように，債務者の意思を圧迫して債務の履行を促すのである（ここでいう損害は債権者に支払われるが，生じた損害の塡補の意味をもたない）。この方法は，債務者の人格に対する直接の圧迫（拘留などがその例），債務者の財産に対する直接の侵害（罰金・損害賠償の場合）を意味するから，なるべく最後の手段として用いるべきものとされ，直接強制・代替執行ができる場合には許されないと解されている。

結局，間接強制ができるのは，代替執行ができない場合，つまり代わるべき者がいない場合である。しかも，このような場合であっても，なお間接強制が許されない場合がある。

(i) 債務者の精神を強制したのでは，債権の真の目的を達することができない場合，芸術的操作に頼るような債務がこれに該当する。たとえば，ある落語家がレコードに落語を吹き込むという債務を負っている場合などである。
(ii) 債務者が債務の履行をしようと思えばすぐできるものでなければならない。例特殊の設備がなければ債務の履行ができない場合には，間接強制は許されない。

(iii) 夫婦の同居義務（752条）については，間接強制は許されないとされている。これは，人格尊重の理念に反するからだとされている。
(iv) これに反し，幼児の引渡債務については，間接強制を認めている（大判大正元・12・19民録1087頁）。近時は主として人権保護法による方法がとられることが多い。

やや，特殊な事例であるが，建物を建てないというような不作為債権について，債務者がこれに違反して建物を建てた場合には，債務者の費用で建物を除去し，かつ，将来のために適当な処分をすることができる。これは一種の代替執行の方法である（414条3項）。もっとも，毎日午後9時以降はピアノを弾かないという債務のように，不作為が継続的であり，かつ，違反行為が有形の結果を残さない場合には，間接強制によるほか仕方がない。

2 債務不履行の要件とその類型

現実的履行の強制によって実現できない場合，強制的に実現した場合でも履行の遅延によって損害が生じた場合，強制的に実現可能であるがその手段によらないで損害賠償を請求することもできる。言いかえると，債務者が債務を履行しない場合には，終局的には損害賠償の請求ができるということである。損害賠償の請求は，債務不履行の最も重要な手段である。わが国の損害賠償は，金銭賠償を原則としているから，すべての債権は金銭債権に転嫁する可能性を持っているといってよい。金銭債権を強制的に実現する方法は，債務者の財産を換価して金銭を交付してもらうことであるから，結局権の最後のよりどころは，債務者の全財産であるということになる。財産のない債務者に対する債権は，なきに等しい。

2.1 債務不履行の共通の要件と効果

(1) 債務不履行の要件は各類型で違いがあるが，以下の2つ（(ア)・(イ)）は共通する。

(ア) 債務者の責めに帰すべき債務不履行であること　　まず第1に，その立証責任は債務者にある。

第2に，債務者以外の者に故意・過失がある場合で，そのために債務不履行を生じさせてしまった場合，債務者は責任を負うのか。たとえば，債務者の手足として使用する者の故意・過失によるような場合である。この問題は，債務者の故意・過失または信義則上これと同視される事由のある場合として議論され，「同視される事由」として重要なのは，「履行補助者」に故意・過失がある場合として問議されてきた。

　履行補助者には，①債務者の手足として使用する者（真の意味の履行補助者）と，②債務者に代わって履行の全部を引き受けてする者（履行代行者・履行代用者）とがあるといわれる。たとえば，あるトラック運送会社の運転手が，誤って人をひいた場合に，715条では，会社がその運転手を充分に監督していたという証明ができれば，会社は損害賠償の責任を負わないと規定されている。ところで，会社が客に頼まれて，トラックで荷物を運ぶ途中，運転手の不注意で荷物を壊した場合に，会社が充分に運転手を監督していたということを挙証しても，不法行為の場合と異なり，債務不履行の責任を免れないとされている。すなわち，この場合の運転手を履行補助者と呼び，履行補助者の故意・過失は，とりもなおさず使用者（債務者）の故意・過失であると捉え，こういうことを表わすために，責めに帰すべき事由という言葉を使ったのだとされている。

　判例は，債務履行のため他人を使用する場合，債務者は，被用者の過失によって生じた結果に対して，債務の履行に関する一切の責任を回避することができないという（大判昭4・3・30民集8巻363頁）。当然，履行代行者の使用等が禁じられているときは，不可抗力以外，責任を負う。また，明文で使用を認められている場合には，選任・監督に責任ある場合，責任を負うとの規定がある（105条・658条2項・1016条など）。

　したがって，①については，債務者は，その者の故意過失について，常に責任を負う。②では，(i)明文上履行代行者を使用しえないものとされる場合に，違法に履行代行者を用いたときには，そのことがすでに債務不履行であるから，代行者を使用しなくても債務不履行となったことを挙証しない限り，履行代行者に故意過失がなくとも責任を免れない。特約で履行代行者を使用しないことに定めた場合にも同様である。(ii)明文上積極的に履行代行者の使用を許される

場合には，債務者は履行代行者の選任監督に過失があった場合にだけ責任を負うことが明文で定められていることが多い。明文のない場合も同様である。

　問題は，転借人の過失について賃借人が責任を負うかである。判例は肯定しているが，これに反対する学説もある。後者は，賃貸人の同意に責任軽減の根拠を求めているものではなく，転借人が独立して目的物を利用している点を重視しているにすぎないことに注意すべきであろう。

　そこで，履行補助者責任を，一般にいわれている責任態様別に理由により表にまとめてみると，以下のようになろう。さらに，詳細な分類もあるが，そうした分類がどこまで有益かは問題である（鳥谷部茂「履行補助者」民法講座4・15頁

	責任の態様	理　由
狭義の履行補助者	その者の故意・過失について常に責任を負う。	債務者の手足と同視しうる。
履行代行者 ・契約または法律により使用が許されないとき ・契約または法律により使用が許されるとき	履行代行者に故意過失がなくとも責任を免れない。 明文ある場合は選任監督につき責任を負う。明文なき場合はその者の故意過失について常に責任を負う。	使用したことがすでに債務不履行である。 債権者の承諾は履行代行者の使用にのみ向けられたもので，その者の過失に対する債務者の免責を意味するものではない。
狭義の利用補助者 （妻子）	賃借人は自己の過失についてと同様の責任を負う。	使用権限は賃借人の保管義務と不可分の関係にある。
利用代行者 ・法律上許されずあるいは無許可のとき ・法律上，あるいは契約上許されたとき	その者に故意・過失がなくとも責任は免れない。 選任監督の過失につき責任を負う（658条1項，105条類推）。	自己責任の原則に反しない転貸等したことがすでに債務不履行である。 転借人は目的物の利用について独立性を有する。転借人は613条1項により独立の保管義務を賃貸人に対し負担している。

以下参照)。

　(イ)　履行をしないことが，違法であること。債務者に留置権 (295条) や，同時履行の抗弁権 (533条) のある場合である。債務者が金を支払わないのは，債権者が品物を引き渡さないからだというような同時履行の関係にある場合に，これを確保するために，同時履行の抗弁権 (533条) を行使しているときは，履行しなくても違法性を欠くから，履行遅滞とはならない。

(2) 債務不履行の効果

　まず第1は，強制履行である。ただし，履行遅滞の場合と，不完全履行で，かつ追完可能のときは可能であるが，履行不能の場合は無意味である。第2に損害賠償であり，そして，契約の解除である。契約の解除は，不履行となった債権・債務が契約により生じたものであるときは，一定の条件と手続に従って契約の解除が認められる (540条以下)。

　後で詳しく述べるが，損害賠償の方法は，別段の意思表示のない限り，金銭により賠償する (417条)。損害賠償の範囲は，財産上の損害，精神上の損害，積極損害，消極損害を問わない。また，賠償すべき損害の範囲は，債務不履行と相当因果関係に立つ全損害である (416条)。

　なお，債権者にも債務不履行（または損害の拡大）につき過失が認められる場合には，公平のため，過失相殺が認められる。

　なお，債務不履行があった場合，一定の損害賠償をなすべき旨の特約（損害賠償額の予定・420条，賠償額の予定）をしたときは，損害の有無多少を問わず予定の賠償額を請求できる（大判大11・7・26民集1巻431頁）制度がある。

2.2　債務不履行の類型

(1)　履行遅滞 (412条) の要件と特有の効果

　履行遅滞とは，履行が可能であるにもかかわらず期限を徒過して履行をしないことをいう。その要件は，(ア)履行期において履行が可能であること，(イ)履行期を徒過したこと，(ウ)債務者に帰責事由があることである (412条)。

　(イ)の要件では，(a)確定期限ある債務は期限の徒過により当然に遅滞となる。例外として，取立債務で債権者が協力しない場合である。(b)不確定期限ある債

務は，期限が到来し，かつ債務者がこれを知った時に遅滞になる。なお，不確定期限到来後に債権者が催告したときは，債務者が期限到来の事実を知らなくても遅滞になる。(c)期限の定めのない債務は，債権者が催告した時から遅滞になる。法律上発生する債務（不当利得等）はこの例である（ただし，不法行為による損害賠償債権は別扱いである）。消費貸借についてはこの例外となり，催告後相当期間を経過した時に遅滞を生ずる（591条1項）（以上，消滅時効の起算点とは異なる）。

履行遅滞の効果は，(i)損害賠償の請求である。遅延賠償という。履行が無意味になった場合は填補賠償となる。(ii)遅滞後不可抗力で不能となった場合も，債務者は責めを負う。(iii)債務が契約から生じた場合には，契約解除権を生ずる。

(2) 履行不能（415条）の要件と効果

履行不能とは，債務者が履行期に債務の履行ができないことである。

(ア) **成立要件**　その要件は，第1に(ア)履行が履行期に不能であることである。この要件については，(a)不能か否かは，物理的不能に限らず，取引通念に従って決する。(b)債権成立時には可能であることを要する（後発的不能に限る）。なお，債権発生時から不能であった場合（原始的不能）は契約成立の有無が問題となり，原始的一部不能は担保責任の問題となる。

不能を類別すると以下のようである。

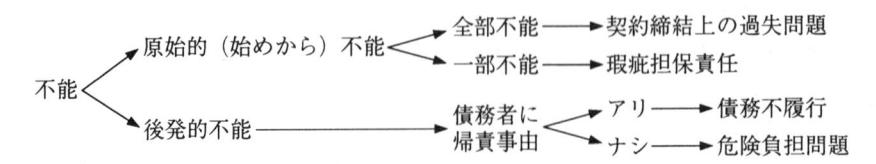

```
             ┌─原始的（始めから）不能 ┌─全部不能 ── 契約締結上の過失問題
             │                        └─一部不能 ── 瑕疵担保責任
不能 ────────┤
             │                        ┌─債務者に ┌─アリ ── 債務不履行
             └─後発的不能 ──────────── 帰責事由   └─ナシ ── 危険負担問題
```

(c)不能となった時期は履行期の前後を問わない

第2に，(イ)債務者の責めに帰すべき事由に基づくことである。この要件を欠く場合，双務契約では危険負担の問題（534条～536条）となる。履行不能が違法であることは履行遅滞の場合と同様である。

問題点をあげると以下のようである　(i)債務の一部が不能となったときは，その部分についてのみ不能の効果が生ずるが，残った部分だけでは債権の目的を達することができない場合には，全部不能として扱う。(ii)債務者の責めに帰

すべき事由で問題となるのは，債務者の責めに帰すべき事由によって履行遅滞となった後に履行不能となった場合である。その不能が，たとえ不可抗力によるものであっても，その不能は結局責めに帰すべき事由にもとづくものとして，債務者に責任を負わせるべきだと解されている。

たとえば，船が一定の日に荷物を積んで出航するという約束をしていたところ，船主の責めに帰すべき事由でその日に出航できず，5日遅れて出航したために，途中で暴風雨に会って船が沈没したという場合，最初の船が遅れたというのは，責めに帰すべき事由による履行遅滞であるが，船が沈没した結果，荷物を渡せなくなったのは暴風雨によるものであるから，いわば不可抗力である。しかし，結局船が沈没したのは，5日遅れて出航したことが原因であるから，やはり責めに帰すべき事由があったとして，履行不能と取り扱われる。

(ｲ) 効果　履行不能の効果は，履行遅滞と異なり，(i)その損害賠償は，塡補賠償に限られ，給付が不可分または可分だが，可能部分が少なくて目的を達し得ない場合を除いては，不能な部分の割合に応じて塡補賠償を請求できる。(ii)契約による場合，解除権が生ずるが，解除せずに塡補賠償の請求が可能である。当然，この場合，自分の債務の履行の責任を免れることはできない。また，解除して損害賠償を請求する場合も，塡補賠償を請求することになる（この場合は自己の債務は免れるが，賠償額の算定の際に清算される）。

(3) 不完全履行の概念とその効果

(ｱ) 概念　不完全履行について，直接定めた民法の条文はないが，その意味は，債務者が履行をしたが，その給付の内容が不完全である場合をいうとされる。履行が不完全，不適当になされた場合についての責任である。今日の判例・学説はこれを認めることによりいろいろな点で実益があることから，この概念を債務不履行の一つとして認めている。

不完全履行が，履行遅滞，履行不能と異なる点は，債務者による一応の履行がなされたが，それが不完全になされたという点にある。不完全になされたというのには，二つの型がある。

①運送の方法・荷造りの方法などが不完全であった場合のように，履行方法の不完全な場合と，②新刊本を給付したら，それに落丁があった等，履行すべ

き目的物自体に欠陥があった場合である。ただし，目的物に欠陥があるというのは，目的物に欠陥のない物の存在を前提とするから，不特定物についてだけいえる概念である。特定物については，瑕疵の有無にかかわらず，その物を給付することだけが債務の内容だからである。

(ｲ)　効果　　不完全履行の効果には特有の問題がある。すなわち，不完全履行の場合には，まだ，完全な履行が可能な場合も少なくない。したがって，本来の債務を履行することが求められる。しかし，債務の内容によっては，追完ができる場合とできない場合とがある。①追完ができる場合とは，改めて完全な履行を要求できる場合である。前例でいえば，目的物に欠陥があるならば，欠陥のない物を給付せよということができる。この場合には，履行遅滞に準ずればよい。②追完不能の場合とは，改めて履行を要求することが無意味な場合である。たとえば，ある会社が求職者の調査を調査会社に頼んだところ，ずさんな調査をした。その調査にもとづいて雇用したところ横領行為をした場合に，「改めて調査しろ」ということは無意味であるからである。この場合には，履行不能として考えればよい。

なお，たとえば，病気の鶏を給付したために今までいた他の鶏にまで感染し，結局，全滅したように，履行された目的物の不完全さに加え，損害が拡大した場合がある。これも不完全履行に該当するが，考え方の中には，「積極的債権侵害」という新たな考え方で説明するものもある。筆者は，相当因果関係の範囲で処理すればよく，しいてかかる概念を認める実益を必要とするかは疑問であると考える。

2.3　受領遅滞（413条）

債務の履行につき受領その他債権者の協力を必要とする場合において，債務者が債務の本旨に従った提供をしたにもかかわらず，債権者が協力しない，あるいはできないために，履行が遅延している状態にある場合，受領遅滞とよんでいる。

(1)　概　　念

一般に「受領遅滞」というが，厳密にいえば，「受領」とは給付が債務の本

旨に適うことを認めて受け容れる，との意味に用いるのが，売買などにおける取引慣行である。売買においては，買主が検査をして初めて「受領」とされることが多い。瑕疵がある物については「受領」の義務がないことは当然である。ここでの問題は，売主のした提供が債務の本旨に適っていないとはいえない場合に，これを拒絶しない義務があるかということだから，厳密には，受取義務と呼ぶべきだろう。

その法的性質については議論がある。(i)法定責任説（多数説・判例）は，公平の観念から信義則上，法が特に認めた責任とする。(ii)債務不履行説は，債務不履行の一種であるとする。

(2) **成立要件と効果**

受領遅滞の要件は，①債務の本旨に従った履行の提供のあること，②債権者がこの提供の受領を拒み，または受領することができないこと，③債権者に帰責事由は不要（法定責任説より）である。

受領遅滞の効果は，①債務者は債務の履行につき注意義務を軽減され，故意または重過失についてだけ責任を負う。②受領遅延の後に不能となるときは，不可抗力にもとづく場合でもなお債権者の責めに帰すべき履行不能となる (536条2項参照)。③債務者は増加した保管費用・弁済費用を債権者に請求し得る (485条但書)。④以上の他，法定責任説は，債務者は不履行責任を免れ，債務者は利息の支払義務を免れることなどを受領遅滞の効果としてあげる。これに対して，債務不履行説では，これは提供の効果であって受領遅滞の効果ではないとする。

Issues

3　契約締結上の過失と損害賠償

3.1　契約締結上の過失理論

　以上と異なり，たとえば，商品の売買契約を締結しようとしていたA社の社長が，相手方の国の事情から逮捕・拘禁されてしまい，契約締結に至らなかったとしよう。しかも，この契約を締結するにつき，種々の調査費用，相手方の国への渡航費，また，公正証書作成のための準備費用も出していた場合，これらの損害につき相手方に賠償請求できる。

　今まで述べてきたように，損害賠償請求権は，民法上，不法行為によって生ずる以外，契約違反（債務不履行）により生ずるが，これに対して，契約締結の直前にその目的物が焼失したような場合（これを原始的不能という）には契約は無効となり，債務は生ぜず履行不能は生じないから損害賠償債権も発生しない。しかし，これでは，買主が契約締結に際し支出したその目的物の調査費用，旅費等について損害を被ることとなる。そこでこうした損害の賠償を求められないかが問題となる。

　そこで，善意・無過失の買主が契約締結過程で被った損害について，信義則上，売主に賠償義務を認めようとする理論を契約締結上の過失理論という。この場合の賠償責任を認める理論としては，信義誠実による無過失責任，損害を惹起する原因を与えた者の一種の結果責任，黙示的担保責任等いろいろある。従来は，こうしたケースを不法行為による損害賠償の問題として処理しようとしてきたが，現在では，契約の締結にまで至らなくとも，不法行為の場合より，より社会的な接触があるとして一種の契約責任としてとらえようとしている。両説の具体的差異はその損害賠償のための証明を債権者がするのか，債務者がなすのかの違いにある。後者では，債務者が損害のなかったことを証明しなければならないから債権者にとっては有利となる。本ケースでは，相手方の国の事情からとのことから，一概にいえないが，契約締結上の過失の問題として考えて，賠償を請求できると考えられる。

3.2 契約締結上の過失とその損害賠償の範囲

では，契約締結上の過失がある場合，どの範囲の賠償を認めればよいか。契約が成立している場合と同様に考えてよいのか問題となる。

(1) 信頼利益と履行利益の意義

一般に「損害」はいろいろと分けることができるが，債権者の法的不利益の内容から「信頼利益」と「履行利益」に区別することができる。信頼利益（消極的契約利益）とは，無効な契約を有効と信じたために被った損害をいう。いわば，債務者が契約が無効となることを知らなかったことと相当因果関係にある損害をいう。具体的には，契約締結のための調査費用，準備交渉のための費用，公正証書作成のための手数料，印紙代，代金支払のために借金した場合の利息，また，買主が第三者から購入できなかったことによる損害，売主が契約を有効と信頼したことにより，第三者に売却できなかったことによる第三者の被った損害の賠償などがあげられる。

これに対して，履行利益（積極的契約利益）とは，契約が有効かつ完全に債務の本旨に従って履行されたと仮定した場合，債権者が受けたであろう利益，すなわち，債務不履行と相当因果関係にある損害（416条）をいう。

(2) 信頼利益と履行利益の関係

以上のことから，履行利益より，信頼利益の賠償の方が多額となる場合もでてくる。この点について，契約が有効な場合より有利になることは不当との主張から，履行利益をもって限度とするとの見解もある（ドイツ）。

しかし，相手方に全く帰責事由がない場合はともかく，帰責事由ある者についても同じくいえるか。たとえば，詐欺・強迫による取消の場合などには，履行利益に限るとの見解は不当であるといえる。したがって，賠償額の算定にあたっては，履行利益の賠償と特に区別して解する必要はないとの見解が妥当といえる。なお，結局は賠償額を決定しなければならないから，契約締結に向けて要した費用の領収書等，必ず備えておくことが必要となる。

4　安全配慮義務

4.1　意義とその法的根拠

使用者が労務給付の場所，設備，機械，器具を供すべき場合には，労務の性質の許す範囲において労務者の生命および健康に危険を生じないように注意する義務を負う（ド民§618・§619）。そうしたことから，一般に安全配慮義務は，「ある法律関係にもとづいて特別な社会的接触の関係に入った当事者間において，当該法律関係の附随義務として当事者の一方または双方が相手方に対して信義則上負う義務として一般的に認められるべきもの」（最判昭50・2・25民集29巻2号143頁），と定義とされている。

4.2　安全配慮義務と保護義務との異同

原則として給付義務とは別個の附随義務（＝保護義務）として構成されている（1条）。生命，健康等も安全の配慮自体を契約目的とする場合には，安全配慮義務は給付義務（≠保護義務）となる。たとえば，入院患者に対する病院の義務とか，託児所の乳幼児に対する義務とかである。

4.3　安全配慮義務を認める意味

(1)　時効期間

今日，安全配慮義務が認められる意味として最大の利点は，時効期間が長いことである（不法行為による場合は3年であるが，安全配慮義務を契約責任的に構成すると10年となる—民167条）。しかし，学説上，批判も強く3年と解する見解もある。

(2)　免　　責

また，個々の従業員や教師の個人的過失を問題とすることなしに，使用者の客観的な義務違反を問題としうる（715条2項によると，免責の余地もあるが履行補助者の過失については免責の余地がない）。ただし，判例では個々人の具体的行動を問題とする傾向にある。

(3) 証明責任の転換

 安全配慮義務の具体的な内容は職種・地位および具体的状況によって異なるものであるから，義務内容を特定し，かつ義務違反に該当する事実を主張・立証する責任は原告にある（最判昭56・2・16民集35巻1号56頁）。このような判例より，結局，不法行為における過失の立証と異ならないのではないかとの批判がある。

 この他，近親者に固有の慰謝料請求権を認める明文の規定を欠く（711条），過失相殺が必ず考慮される（418条）等の差異がある。

 以上の点から，安全配慮義務の内容の特定が容易でないこと，安全配慮義務の実現は被告の独占管理下においてなされる場合の多いことを考慮すれば，具体的状況に応じて安全配慮義務違反の推定をなすべき場合が多いのではないか。

4.4 安全配慮義務と不法行為法上の注意義務との異同

 両者には本質的な差異がない。安全配慮義務も不法行為法上の注意義務もその目的は　他人の現在の利益を維持し，それを侵害しない点にあり，法理論的には契約関係の存在することが必ずしも安全配慮義務の要件だともいえない。

 両者が異なるのは，安全配慮義務が一定の人的範囲において認められるのに対して，注意義務が原則的にはこのような制限範囲を持たない点にある。

5 履行補助者論の新説とその批判

5.1 履行補助者論の新説

 履行補助者の故意・過失についての責任を単に帰責事由の問題として捉えるのではなく，補助者という他人の行為について債務者が債務不履行責任を負うかどうかという観点から把握すべきとする考え方である（平井・総論85頁，前田・総論163頁）。この説に対しては，「従来説の問題性は明らかであり，この新説の方向で考えるべきである。ただし，新説は，たとえば「被用者的補助者」と「独立的補助者」といった類型を立てるが，必ずしも一致していない。また，転借人の過失の問題も新説に立つからといって当然に解決できるわけではない」との批判もある（奥田昌道他編『判例講義民法Ⅱ』36頁〔難波譲治〕）。

5.2　履行補助者論と組織責任

　履行補助者論は，個人主義的責任論を徹底すると，他人の過失について責任を負わないことになる。他方，資本主義経済の発展によって，社会的分業が進み，企業規模も大型化することになると，債務者は多くの履行補助者を用いるようになり公平の観点からの責任の分配という債務不履行も再検討をせまられるに至る。この問題にはこうした背景がある。現在，古典的な履行補助者の故意過失の例は少なく，その多くは，使用者と被用者にまつわる問題である。そうした点からも，個人責任に重きを置く現在の損害賠償法は再考されなければならず，「組織の過失」という責任根拠を必要とするのではなかろうか。

安全配慮義務

　広く一定の法律関係にある者が，互いに相手方の生命，身体，健康，財産などを侵害しないように配慮すべき義務をいう。たとえば，労務や，運送，医療，学校等の契約関係にある場合，使用者，病院経営者，学校責任者，教師等の行為が問題となる。一般には，民法1条2項の信義誠実の原則がその根拠となるとされている。もし，この義務に違反した場合の責任については，契約上の責任か，不法行為上の責任かについては争いがある。

◆損害賠償法用語ミニ辞典◆

Expand

6　損害賠償の範囲と賠償の算定

　債務不履行のときは，債権者は債務者に対して，そのために蒙った損害の賠償を請求することができる。損害賠償の方法は，原則として金銭で支払われる (417条)。損害賠償制度は，当事者間に生じた不均衡を，公平に是正して解決するための制度であって，債務者に対する懲罰的な制度でないことを注意すべきである。したがって，損害のないところに賠償は生じない。

　ただし，
① 　金銭債務の不履行については，債権者に現実の損害がない場合でも，一定の利率による賠償の請求ができる (419条)。これは，金銭の通貨としての流通性の高さからくる例外である。
② 　債務者の不履行につき，債権者にも一端の責任があるときは，公平の理想から，裁判所は，債務者の責任を軽減することができる（過失相殺）(418条)。
③ 　また，当事者があらかじめ，債務の不履行の場合に賠償すべき額を定めることがある（賠償額の予定）。この場合は，実際の損害額いかんにかかわらずこの定めによる (420条)。ただし，利息制限法4条は利息についての制限利率（利息1条）の2倍を超えて賠償額を定めたときは，その超過部分を無効としている。

7　債権者の受領遅滞（債権者遅滞）の法的性質

　債権者の受領遅滞のために目的物の保管料が増加したような場合に，どのような措置をとることができるかが，ここでの問題である。大きく分けて2つの考え方がある。

7.1　債務不履行説と法定責任説

① 　受領遅滞を債権者の債務不履行と解する（債権者に受領すべき義務があ

ると考える)。したがって債権者の責めに帰すべき事由があって受領しないことが必要だとする考え方。債務者は，債権者に対して，損害賠償の請求・契約の解除ができる。債務者にとって，供託ができるとか保管料が増加した場合にその費用を払ってもらえるということなどは，受領遅滞の効果ではなく，492条に規定する弁済の提供の効果であるとみる。最近債務不履行説に同調する者の数が増えているようである。

② 受領遅滞は，債権者の責めに帰すべき事由があると否とを問わず，特に債務者保護のために，法律の定めた一定の効果が発生する制度だとする考え方である。受領遅滞は消極的な意味しか持たず，債務者はその時以後債務不履行の責任を負わないし，保管料が増加すればその増加分を請求することができ，供託することもできるという効果を持つにすぎないとする。判例もこの立場であるとされているが，最近最高裁判所は，損害賠償の請求だけは認めたので，判例は独特の立場とでもいえよう。

7.2 問題点

受領遅滞の法的性格については，上記のように法定責任とみる説（A説）と，債務不履行の一種とみる説（B説）があるが，以下の問題点がある。

(i) A説では債務者は受領遅滞を理由として契約を解除できないが，B説では解除できる。

(ii) A説では債務者が利息の支払義務を免れることも受領遅滞の効果であるが，B説では，弁済提供の効果であって，受領遅滞の効果ではない。

(iii) B説では，受領遅滞の場合，債務者は増加費用のほか，遅滞によって生じた損害の賠償も請求できる。

(iv) 受領遅滞によって債務者の注意義務が軽減される点は，A説・B説とも同じである。

8 債務不履行責任と不法行為責任

8.1 ある事例から

Aが，Bから賃借している物を壊したとしよう。この場合，契約の側面から

みると，善良な管理者の注意をもってする保管義務の違反（400条）として債務不履行にあたるが，他方，目的物の所有権という側面からみると，B（賃貸人）の所有権を毀損したことになり，不法行為ともなる。このように，ある一つの法律問題が，債務不履行の要素と，不法行為の要素をも帯びる場合があり，当然，両者はともに違法な行為である。

しかしながら，債務不履行責任と不法行為責任では，挙証責任が異なる。すなわち，債務不履行責任では，B（債権者）はA（債務者）の責めに帰すべき事由を証明する必要はないが，不法行為では，B（被害者）がA（加害者）の故意・過失を証明しなければならない。そこで，こうした場合に，債務不履行責任を追及するのか，不法行為責任を追及するのかが問題となる。

8.2 判例と考え方

この場合2つの考え方がある。一方は，不法行為責任と，債務不履行責任（契約責任）とは別個に要件が定められ異なる制度であるとして，複数の請求権の発生根拠の要件を充たしている以上，請求権は複数発生し，しかもそれらは相互に独立しているから相互に影響しないとするもの（請求権競合説）である。この考え方では，請求権者が任意にどちらかを選択できる。他方は，契約関係で人が結ばれている場合には，一般と特殊との関係とみてよいから，契約法理つまり債務不履行で処理すべきであるとするもの（請求権非競合説＝法条競合説）がある。

判例は請求権競合説のようである。論理としては，請求権競合説が妥当であるとの見解もあるが，そもそも，民法は，三次元的に構成されているのであり，同一事件について，異なった制度による解決を始めから予定しているといえるから，請求権競合説の方が，問題解決には妥当といえる。

コラム

生まゆ乾燥事件

　むかしの事件に生まゆ乾燥事件というのがある（大判大正7・7・31民録24輯1555頁）。買主Aと売主Bとの間で特定の生まゆの売買契約を締結したが，Bはこのまゆの引渡前に蛾が発生することを防ぐために乾燥まゆにしてしまった。AはBに対して，当初の契約に定まった生まゆを引き渡せと迫った。裁判所は，本件生繭の売買は「買主タル上告人及ヒ売主タル被上告人トノ間ニ成立シタル特定物ノ売買ナルコト原裁判所ノ確定シタル事実ナリ又債務ノ目的カ特定物ノ引渡ナルトキハ債務者ハ其引渡ヲ為スマテ善良ナル管理者ノ注意ヲ以テ其物ヲ保存スルコトヲ要シ而シテ」売主が買主のために善良なる管理者の注意をもってその生繭を保存するために乾燥したことは一般的常識であるから，生繭が乾燥繭となったということで生繭の保存に適当な手段を尽くしたということができ，その同一性には変わりがない，と判断したものがある。現在からみれば，古い話であるが，この判例は，保管・保存の意味の一例として，今日でも重要である。

債務と責任

　債務とは，債権の目的である給付をなすべき拘束を受けている状態をいう。責任とは，平たく言えば債務者の一般財産即ち総財産が債務の引当，（担保）になっていることをいう。たとえば，AがBから100万円借りている場合に，Aが100万円を支払うべき法律上の拘束を受けている状態が債務であり，債務が履行されない場合にはAの総財産が担保となってBはAの財産のうちから100万円を強制的にとることができる関係に立つのがAの責任である。債権は原則として債務者の総財産を引当としているから，債務と責任を区別する実益は少ないともいえるが，次のような場合にはこの区別が意味をもつ。
　(1)　責任だけあって債務のない場合　他人の債務について，自分の財産の上に抵当権を設定した物上保証人の責任。
　(2)　責任が限定されている場合。よく有限責任とか，無限責任とかいわれる場合である。たとえば，質屋で金銭を借りた者は，質入した物についてだけしか責任を負わない。
　(3)　債務だけあって責任のない場合である。いわゆる自然債務がこれにあたる。たとえば，利息制限法に違反する利息の支払いなどである。こうした債務の考え方についての有用性には賛否両論がある。

第3講 損害賠償の請求権者・その方法と範囲，賠償額の算定

Case 4 AはB企業に雇われているが，ある部門の総括責任者であった。ところが，Aは，C運転の自動車による交通事故により死亡した。

この場合，Bはそれにより生じた企業の損害について賠償を求めることができるか。また，Aの妻は，医師に対する謝礼，付添費用，葬式費用，墓碑購入費，弁護士費用を損害賠償として請求できるか。

Introduction

債務不履行，不法行為の効果は，債務者・加害者が損害賠償の義務を負うことである。**損害賠償の方法**としては，**金銭賠償を原則**とする（722条1項・417条）。

ではその方法はどのようなものか。損害賠償は生じた損害を塡補するものだから，賠償額は損害額に相当する。では，その算定の基礎はどのようなものか。また，損害の金額は損害の種類によって異なるのか。損害賠償の範囲は，加害行為と相当因果関係に立つすべての損害であるとされているが，具体的にはどのようなものか，などである。

1 損害賠償の方法と損害の種類・請求権者

1.1 損害の意味

不法行為が成立するためには，損害が発生することが必要である。損害とは，被害者の被る多種多様の不利益のことである。それは侵害された利益と密接に関連しているため，損害額の算定では侵害された利益の類別に応じて決するほかないから，損害の種類は，侵害された利益に応じて考えるのが適切である。

そして損害額に応じて賠償額が決定される。

1.2 損害の種類

損害には，大別して財産的損害と非財産的損害とがあり，前者には積極的損害と消極的損害とがある。

財産の損害とは損失が財産的なものをいい，非財産的損害はそうでないものをいうが，精神的損害がその代表的なものである。財産的損害は，財産的利益（財産権）が侵害された場合に生ずるほか，非財産的利益＝人格的利益が侵害された場合にも生ずる。非財産的損害は，人格的利益の侵害によって生ずることが多いといえるが，財産的利益が侵害された場合にも生ずる。積極的損害とは現実に生じた損害のことであるが，消極的損害とは得べかりし利益を失ったことによる損害（例，転売の利益）をいう。

1.3 侵害を受けた利益による損害の種類

侵害される対象は，通常，××権と名前のついた権利である。ただし，単なる利益であっても賠償の対象となり得る。大別すると(1)，(2)，(3)の場合がある。

(1) 物権的な権利の侵害

①他人の所有物を滅失・毀損・処分・収益する等，所有権（民206条）による目的物の支配状態を侵害する場合（所有権の侵害）で，他人の所有物の使用・収益の侵害は目的物を不法に占拠・占有することによって生ずる。②地上権，地役権等の他人の土地の利用をする権利（用益物権）の利用を妨げられた場合，③留置的機能，優先弁済的機能等がある，質権・抵当権等の担保物権が奪われたり，抵当権の目的物が毀損されたりしてその実行が侵害された場合である。さらに，④鉱業権・漁業権等の特別法上の物権や温泉権・水利権等の慣習法上の物権の行使が侵害された場合，著作権・特許権・意匠権・商標権等の無体財産権が侵害された場合で，その作品・製品の無断使用等がそれにあたる。

(2) 債権的権利が侵害された場合

(ア)債権の侵害により不法行為が成立するためには，自由競争の範囲をこえる違法・公序良俗（民90条）に反する場合でなければならず，すでに売却した物

をさらに他人に売却しても，第2の買主は第1の買主の債権を侵害したことになるとは限らない。(イ)営業権の侵害は営業の侵害・営業ボイコット・不正競争・不公正取引の形で行われる。

(3) 人格権的権利が侵害された場合

人格的権利の侵害では，財産的損害もあるが，精神的損害の生ずることが多い。

①人格権侵害の典型は，被害者が生命を失い，身体に損傷を被った場合である（生命権・身体権の侵害）。②身体的自由が侵害されたり，共同絶交による精神の自由の侵害された場合がある。③名誉の侵害が，すなわち，名誉とは，各人がその品性・徳行・信用等について世間の人から相当に受けるべき評価をいうが，その社会的評価を低下させる行為が名誉の侵害である。なお名誉は法人についても認められる。類似したものに，④他人にみだりに私生活をのぞき見されたとか，個人の情報を他人が勝手に漏らしたり，利用したようにプライバシーが侵害された場合がある。なお，社会的評価の低下を要件として必要としない点が名誉の侵害と異なる。さらに，⑤自分の氏名・肖像を無断で利用されたり，信用を失わせたりした場合がある。

2 損害賠償の請求権者ならびに請求内容

人身侵害を内容とする不法行為があった場合，その被害の内容によっていろいろな損害が発生する。そのそれぞれの場合に，誰がその損害について，どのような形で賠償請求ができるのだろうか。被害者受傷の場合と死亡の場合とに分けて考える。

2.1 被害者受傷の場合の財産的損害賠償請求

他人の違法行為によって受傷した被害者に損害が生じた場合，被害者自身が損害賠償の請求をなし得るのは当然である。問題となるのは被害者の近親者がどの程度の範囲で損害賠償の請求権者となり得るかということである。被害者受傷の結果，被害者から扶養を受けていた近親者が被害者の労働能力喪失などによって自らも扶養を受けられなくなった場合，近親者は固有の損害を受けた

ようにみられるが，この点については被害者自身の損害賠償請求によって評価されるので固有の損害賠償を考えることはできない。では，被害者受傷により，近親者が治療費・入院費その他を出費した場合，これを直接近親者自身から加害者に賠償請求することはできるからである。裁判例を通して考え方をみておこう。

(1) だれが請求権者になれるか

老母の負傷に治療費を出した子は，直接加害者に対し，損害賠償を請求することができると判示したものがある（大判昭12・2・12民集16巻46頁）。また，近親者の身体傷害により精神上の苦痛を受けた者は，直接の被害者であり，そうでないとしても，710条・711条を類推適用して，その精神上の損害につき賠償を得させるべきであるとし，子供の負傷についての治療費の出費者である親からの直接の損害賠償請求を認めた（東京高判昭30・11・26下民集6巻11号2470頁。なお，上告審は民集12巻12号1901頁）。裁判例は，治療費等の出費が扶養義務などを根拠としてされた場合に限定して，出費者からの損害賠償請求を認めるとし，単なる情宜関係で出費したことについてまで認めるものではないといえよう。

(2) 請求できる内容はどのようなものか

単に治療費や入院費のほか，受傷者の娘の付添看護料相当の損害賠償（最判昭46・6・29民集25巻4号650頁）や看護のために往復した娘の旅費相当額の損害賠償につき，その近親者において被害者のもとに赴くことが，被害者の傷害の程度，近親者が看護に当たることの必要性等の諸般の事情からみて，社会通念上相当であり，かつ，被害者が近親者に対し旅費を返還または償還すべきものと認められるときには，右往復に通常利用される交通機関の普通運賃の限度内においては，当該不法行為により通常生ずべき損害にあたるものと解すべきとする（最判昭49・4・25民集28巻3号447頁，〔判評〕柴田保幸・曹時28巻3号105頁）。

以上のことから，判例は，相当因果関係の範囲内のものを含むとしているといえよう。

さらに，判例は，近親者の出費した治療費等について受傷者自身から損害賠償請求することも認めている（最判昭32・6・20民集11巻6号1093頁，〔判評〕植林弘・民商36巻6号107頁）。したがって，治療費等を支出した近親者からでも，受

傷者からでも損害の請求ができ，一種の不真正連帯債権が生ずるといえる。被害者救済という側面を考える上で参考となろう。

2.2 被害者受傷の場合の精神的損害賠償請求

　被害者受傷の場合の精神的損害賠償請求について，古い裁判例には，民法711条が生命侵害の場合に限定して近親者の慰謝料請求を認めていることを理由に，被害者の傷害に伴う近親者の慰謝料請求を否定するものもあった。しかし，その後の裁判例では，18歳の電気工が両腕を切断した事案で，父の慰謝料請求が認められた（福岡高判昭27・4・9下民集3巻4号482頁）。さらに，女児の容貌を著しく傷つけられた事件で母からの慰謝料請求が，その子の死亡したときにも比肩すべき精神上の苦痛を受けた場合は，自己の権利として慰謝料を請求することができるとして，709条・710条の規定を根拠に認めた（最判昭33・8・5民集12巻12号1901頁，〔判評〕栗田哲男・不法行為法（法学セミナー増刊）142頁）。以後，同種事案についてこれを認める判例が多数出されている（例：最判昭43・9・19民集22巻9号1923頁，判時535号57頁，判タ227号143頁）。

　つまり，被害者受傷に伴う近親者からの固有の慰謝料請求が肯定されることになった。

　問題は，①受傷の程度いかんにかかわりなく常に近親者の慰謝料請求が認められるのか，②固有の慰謝料請求が認められる近親者の範囲はどこまでか，ということである。

　①について，判例は，近親者の固有の慰謝料請求が認められる場合を限定し，被害者の受傷の程度が重く，近親者として被害者が死亡した場合に比肩しうる場合，ないしこれに比して著しく劣らない程度の精神的苦痛を受けた場合に限定されるものとしている（第三者の不法行為によって身体を害された者の両親は，そのために被害者が生命を害された場合にも比肩すべきか，または右場合に比して著しく劣らない程度の精神上の苦痛を受けたときに限り，自己の権利として慰謝料を請求できるものと解すべきであるという——最判昭44・4・22判時558号57頁）。

　②については，問題はあるが，被害者の立場や，他の近親者の有無などの諸

事情が考慮されることになるだろう。

結局，被害者受傷の場合，近親者から自己が出費を余儀なくされた財産上の損害および一定の制限の下ではあるが固有の慰謝料請求を求めることが肯定されることが明らかになった。

2.3 被害者死亡の場合の損害賠償の範囲と損害賠償請求権の帰属

(1) 損害賠償の範囲

被害者死亡の場合，近親者の財産上の損害および精神的損害が認められる。すなわち，財産上の損害とは，親族の死亡により，同人から受けていた扶養などの利益が失われたために被った財産的損害であり，また，精神的損害とは，近親者の死亡によって受けた心痛という損害である。そして，前者は財産的損害，後者は慰謝料の損害賠償の請求が可能である（709条・711条）。

(2) 親族自身の固有の損害賠償請求の問題

裁判例をみると，事故死した未認知の子でも，事実上の父との間に嫡出子同然の関係がある場合には，その父は711条の損害賠償の特則に関する限り，父に準ずる地位にあるものとして慰謝料の請求をなしうるとして，近親者の固有の慰謝料請求権に関し，711条の類推適用により相当程度に近親者の範囲が拡げられている（東京高判昭36・7・5高民集14巻5号309頁）。否定された裁判例をみると，同居していなかった（高松高判平8・2・27判例時報1591号44頁），兄弟・姉妹であることのみ（東京高判平5・11・29交通民集26巻6号1376頁），孫（大阪地判平7・8・15交通民集28巻4号1137頁等）などの場合があげられる。

そこで問題となるのは，死亡者自身の財産的損害および精神的損害をどのように考えればよいかである。すなわち，死亡事件による財産的損害および死亡したことによる精神的損害は，被害者が死亡した時点で生ずるものである。そうなると被害者が死亡して権利能力を失ったとき，つまり権利の帰属すべき者がいなくなるのではないか，また，同時に発生した損害賠償請求権はどのように考えたらよいのかということが問題となる。

(3) 財産的損害──積極的損害と逸失利益──

死亡事故により被害者には財産的損害として次のようなものが発生する。すなわち，積極的損害としての入院費や治療費のほかに，死亡により，本来，天寿を全うできたなら得られたであろう収入の喪失という損害（逸失利益）が生ずる。この逸失利益は額も大きく，理論的にも困難な問題を含んでいる。

　すなわち，被害者の死亡による逸失利益を，近親者の固有の損害賠償のほかに近親者をして請求できるものとするには，論理的には，死亡による損害賠償請求権を近親者が相続し行使するという構成をとる必要が出てくる。しかし，逸失利益は本人の死亡によって生ずるものであるから，死亡によって生ずる損害を死亡者に帰属させ，相続の対象とするのは論理矛盾ではないかとの批判を生ずる。

慰謝料

　苦痛とか，不快感等の精神的損害に対する賠償金のことをいう。その発生原因としては，債務不履行（415条），不法行為（709条）があげられている。慰謝料額の算定にあたって考慮される事由は，その者の社会的地位，職業，資産，故意，過失の程度などである。しかし，被害者等の苦痛が上記の事由により異なるとも思えず，定額化の方向にある。さらに，慰謝料請求権が相続されるかについては争いもあるが，通説・判例は肯定する。

◆損害賠償法用語ミニ辞典◆

Issues

3 死者の逸失利益ならびに慰謝料請求権の相続

3.1 判例の考え方

　判例は，重傷を負って10日後死亡した事案について，受傷者は受傷によって将来取得すべき利益を失ったことによる損害の賠償請求権を取得し，それが相続されるとした（大判大9・4・20民録26輯553頁）。また，国鉄（現在のJR）の列車に接触して即死した事案で，「他人ニ対シ即死ヲ引起スヘキ傷害ヲ加ヘタル場合ニアリテモ其ノ傷害ハ被害者カ通常生存シ得ヘキ期間ニ獲得シ得ヘカリシ財産上ノ利益享受ノ途ヲ絶止シ損害ヲ生セシムルモノナレハ右傷害ノ瞬時ニ於テ被害者ニ之カ賠償請求権発生シ其ノ相続人ハ該権利ヲ承継スルモノト解スルヲ相当ナリトセサルヘカラス若所論ノ如ク被害者即死シタルトキハ傷害ト同時ニ人格消滅シ損害賠償請求権発生スルニ由ナシト為ストキハ被害者ノ相続人ハ何等権利ノ承継スヘキモノナキノミナラス相続人ハ前記傷害ニヨリ自己ノ財産上ノ相続権ヲ害セラレタリトシテ自己ノ権利ニ基キ之カ賠償ヲ求ムルヲ得サルコトト為リ傷害ト死亡トノ間ニ時間ノ存スル限リハ其ノ時間ノ長短ニ拘ラス死ヲ早メタル傷害ニヨリ被害者ニ蒙ラシメタル損害ニ付被害者ニ之カ賠償請求権発生シ被害者ノ死亡ニヨリ其ノ相続人ハ之カ権利ヲ承継シ得ルコトトナル即傷害ノ程度小ナル不法行為ニ責任ヲ科スルニ反シ即死ヲ引起スカ如キ絶大ノ加害行為ニ対シ不法行為ノ責任ヲ免除スルノ不当ナル結果ニ陥ルヘク立法ノ趣旨茲ニ存スルモノト為スヲ得サル所ナリ」（大判大15・2・16民集5巻150頁）として，即死の場合もこれと異なるところはないとして，被害者への損害賠償請求権の発生と相続という構成を認めた。その後も同様の裁判例が出されている（大判昭17・7・31新聞4795号10頁）。

3.2 学　　説

　他方，学説をみると，相続を根拠づけるために次のような考え方を示す。
　受傷と死亡との間には観念的には時間的間隔があることを理由に即死の場合

でも相続するとする，**時間的間隔説**，生命侵害は身体侵害の極限概念であり，死者が死亡の直前に死亡による損害と同一内容の損害賠償請求権を取得し，それが相続だとみる，**極限概念説**，被害者は生命侵害による損害賠償請求の範囲でのみ権利主体としての姓位を保持するとするとする，**人格存続説**，相続とは同一人格の承継であって，被相続人の生命侵害に対する損害賠償請求権が人格を承継する相続人により原始取得されるとする，**人格承継説**，被害者の死亡は被害者を一員とする家族共同体への侵害行為であり，家族共同体を被害者だとみる，**家団説**（家族共同体被害者説）である。

以上に対して，こうした相続を肯定するのではなく近親者自身の固有の財産的損害賠償請求のみを肯定しようとする立場がある。さらに，この立場においても，何をもって遺族固有の損害と考えるかについて意見が分かれる。すなわち，本人が天寿をまっとうすれば相続し取得できたであろう期待が侵害されたとみる，**相続期待侵害説**，本人の生存や収入に依存して生活している者，または，将来そのことが期待された者が，本人の死亡により不要・扶助を受けられなかったことを固有の損害とみる，**扶養侵害説**である。

3.3 検　　討

この問題につき，基本的な対立点は次の点である。

相続肯定説の実質的な理由は，被害者に傷害を負わせ，しかる後に死にいたらしめた場合，傷害による逸失利益等の賠償請求権が相続されるのに，即死の場合に相続を認めないと結果において著しい相違が発生して不合理だという点であり，もし死者の逸失利益の相続といった構成をとらずに，扶養請求権侵害とみると，損害賠償額の算定が著しく困難になるという点であろう。

これに対して，相続否定説は，損害賠償制度は行為者に対する懲罰制度ではないので，即死の場合とそうでない場合との間に差異があっても不合理ではないこと，相続の方法によるときは，事案によっては，いわゆる「笑う相続人」を生む可能性が高く，非合理的であり，むしろ被害者の死亡によって真に損害を受ける者を救済するには固有の損害賠償請求権を行使させるにとどめる方が合理的であるという点にあるといえよう。

この点について，民法起草者は，民法709条の権利には生命を含めて理解すべきものであるが，生命侵害の結果，その主体であった者は権利能力を喪失し，権利の主体であることをやめ，自己の死亡による損害賠償請求権を自己に帰属せしめることはできない。そこで，711条を設け，死者の父母，配偶者および子に対して固有の慰謝料を認め，財産的利益，特に逸失利益については近親者に固有の逸失扶養請求権を付与したという（梅謙次郎『民法要義』巻之三訂正増補第30版886～887頁）。

3.4　慰謝料請求権の一身専属性

　民法は，被害者死亡の場合，一定の近親者に精神的損害を生ぜしめることを規定する（民711条）。しかし，死亡者自身の死亡による慰謝料請求権についても財産的損害と同様に相続構成をとる。しかし，この場合，慰謝料請求権の一身専属性の点から問題を生ずる。この点につき，従来の判例は，慰謝料請求権は一身専属権であるところから被害者死亡とともに消滅するものであって，わずかに被害者が死亡前にこれを請求する意思を表示した場合にのみ，相続の対象となる金銭債権と化し，相続されるとした（大判大8・6・5民録25輯962頁）。判例は，このような前提のもとに被害者の慰謝料請求の意思を相当擬制的な扱いをしている。すなわち，事故で死亡する前の被害者の「残念残念」なる言語が「自己ノ過失ニ出テタルヲ悔ミタルカ如キ特別ノ事情ナキ限リ」慰謝料の請求をする意思と評価する（大判昭2・5・30評論全集16巻民法775頁）。また，被害者の「「向フカ悪イ向フカ悪イ止メル余裕アツタノニ止メナカツタノタ」トノ意思ヲ表示シ居リタルモノニシテ此ノ被害者ノ言ハ疑モナク自己ニ過失ナク加害者ノ過失ヲ責ムル意思ノ表示ヲ為シタルニ外ナラサルニ因リ之ヲ以テ加害者ニ対シ損害賠償ノ請求ヲ為スコトノ意思ヲ表示シタルモノト做スヲ相当トス」として死の前の言葉を同様に解する（大判昭12・8・6判決全集4輯15号10頁）。他方，被害者の「くやしい」という言葉には慰謝料請求の意思を認め（大阪地判昭9・6・18新聞3717号5頁），「助けてくれ」というだけでは認めなかった（東京控判昭8・5・26新聞3568号5頁）。

　学説は，相続を肯定する通説的立場においても，この判例の請求意思表明の

有無により取り扱いが異なることに対して批判的であった。その理由は，一方で被害者の逸失利益については当然相続を認めながら，他方で慰謝料について，一身専属性を強調し合理性がないこと，請求の意思を表明する時間的間隔のない即死の場合と受傷後相当経過後の死亡の場合とで均衡を欠くなどである。そこで，この批判を受け，最高裁判所は従来形成してきた慰謝料請求権の一身専属性を強調する立場を放棄し，民法が損害賠償請求権の発生時期について財産上のものと精神的なものとを区別しない点で，慰謝料請求権といえども単純な金銭債権にすぎず，相続の対象たり得ること，死亡者の慰謝料と近親者の慰謝料は本来別のものであることなどを考えながら，被害者は損害の発生と同時に慰謝料請求権を取得し，特にこれを放棄するなどの特別の行為のないかぎり，被害者の死亡により当然に相続されるものであるという判断を示すにいたったのである（最判昭45・4・21判時595号54頁，〔判評〕淡路剛久・百選(2)－債権〈第4版〉58頁）。

4　間接被害者の損害賠償請求は可能か

4.1　間接被害者への責任

今日のように，各人の社会的活動が活発になれば，ある人の予期されぬ突然の死亡によって，間接的に被害者が出ることは当然予想される。しかも，従業員が被害にあったことにより，その被害者が企業（組織）であることもある。前に述べた被害者の近親者も間接被害者の一場合である。このような被害に対する賠償の理論と基準をどこに求めるのかは問題である。今日の考え方としては，原則として間接被害者の損害は否定するが，間接被害者と被害者とが経済的一体性ある場合には，損害賠償請求を肯定するものが出てきている。今後，この基準が拡大するのか否かが問題となろう。

4.2　間接被害と企業（組織）損害の意味

一定の者に対する人身侵害行為がその者に損害を負わせるだけでなく，他の者（とくに企業）の損害を引き出す場合がある。たとえば，ある企業に勤務する者が事故により重傷を負い，会社として休業保障をしたり，労働協約にもと

づいて見舞金を支払ったりした場合，企業としてはそれだけで損失をこうむったことになる。また，事故のために企業にとってかけがえのない従業員が死亡したことで企業としての経営に支障をきたし，企業利益が暴落してしまったという場合もやはり，企業が間接的に不法行為の被害者になっているといえる。前者の場合でいえば，企業の出捐が義務としてされたのであれば民法422条の規定の類推適用，義務としてされた場合でなくても，民法499条や500条の類推適用によって，企業から不法行為者への求償も可能であるのは後者の方である。人間は誰でも一人だけで生きているものではないから，その者が傷害を受け，殺害されたりすれば，多くの者に影響を及ぼすことは当然である。以下，この点について考えてみよう。

(1) 判　例

リーディングケースといえそうなものとして，次のものがある。

税金対策の目的のためだけに個人企業を有限会社とし，個人営業の実態と何ら変化のない営業を続けていた者の負傷により会社の収益減が生じた場合，会社に生じた損害について相当因果関係の範囲内で損害賠償の請求を認めたものである（東京地判昭42・12・8判時513号57頁，〔判評〕好美清光・判タ19巻10号84頁）。その後，最高裁判所もこの理論を承認するものがある（最(二小)判昭43・11・15民集22巻12号2614頁，〔判評〕可部恒雄・曹時21巻8号124頁，徳本伸一・百選(2)－債権〈第4版〉194頁）。

また，従来個人営業として薬局経営をしていた者が，税金対策上の理由からこれを有限会社組織に改めて自ら代表取締役となったものの，他に従業員として妻が居るだけの実質的には従来の個人企業の延長としての経営状態にあったところ，代表取締役が交通事故にあって受傷し，会社の売上げが減少した事案においては，「法人とは名ばかりの，俗にいう個人会社であり，その実権は従前同様直（(注)受傷者）個人に集中して，同人には被上告会社の機関としての代替性がなく，経済的に同人と被上告会社とは一体をなす関係にあるものと認められるのであって，かかる原審認定の事実関係のもとにおいては，原審が，上告人の直に対する加害行為と同人の受傷による被上告会社の利益の逸失との間に相当因果関係の存することを認め，形式上間接の被害者たる被上告会社の本

訴請求を認容しうべきものとした判断は」，正当であるとした。

　もっとも，裁判例によれば，被害者が企業にとってかけがえのない者であり，被害者と企業とが経済的に一体の関係にある場合に限定して間接被害者としての企業の損害賠償を認めている（否定：福岡地判昭46・3・5判タ269号298頁）。

(2) 学　　説

　学説の立場も，判例のいう経済的一体性の条件の下に間接被害者の損害賠償請求を認める。近親者または企業が受けた損害が，被害者本人が請求していれば当然認められるはずのものについては，それらは加害者が究極的に負担すべきものといえ，これらの者に請求権者たる地位を認めるべきであると解している。そのための法律論として，賠償者の代位（423条類推）とか，代償請求権（536条2項類推），代位弁済（499条・500条）等の類推を指向する。しかし，一般論として広く間接損害としての企業損害を認めることには反対する（倉田卓二「交通事故と企業の損害」，好美清光「間接被害者の賠償請求」判タ282号）。

(3) 検　　討

　結局，判例・学説が間接損害としての企業損害を限定しているのは，今日の人間の生活関係が広く利害のかかわる者が多くなっているとから，間接被害者の名の下に損害の範囲が膨大となる可能性があり，加害者にあまりに酷な結果となる可能性が大きいからであるといえるからであると思われ，妥当である。しかし，個人会社の賠償請求は，実質的には直接の被害者の請求そのものといえ，請求権者としての地位を認めるべきではないかと考える。当然，特定の個人に死傷を与えることにより，同人が勤務する会社に損害を与えることを意図して（故意で）特定個人に死傷を与え，その結果，間接企業損害を生ぜしめた場合には，企業（会社）からの損害賠償請求が認められてよい。

5　損害賠償の算定の基準時について

　履行不能等により，物が入手できなくなった場合，その損害は，利用できなくなったとか，転売できなくなったという形をもって現れる。その際の賠償額の算定は，どこかの時点での物の客観的価値によることとなる。損害賠償の請求は，契約の不履行により損害をうけた者と，契約の相手方との間において円

満な解決がなされない場合，訴訟を起こして請求し，裁判所はそうした場合，適切かつ正しい賠償額を判定しなければならない。しかし，最初の損害発生時より，交渉の過程，裁判所での審理等の間には，社会経済事情の変動や，貨幣価値，物価の騰貴，下落があるのが常である。かくして，賠償額を算定するについて，どの時点にたって行うべきか問題となる。ちなみに判例が従来かかげた時点を整理すると，債務不履行時，履行期，契約解除時，訴訟提起時，口頭弁論終結時，任意の中間時，転売契約締結時，代品買い入れ等塡補行為時等いろいろ考えられる。しかし，これも，その損害の種類，債務不履行の態様によって多様である。

5.1　履行不能の場合

(1)　売渡担保権者が弁済期前に担保物たる山林の立木を伐採し，弁済により担保物の所有権が担保設定者に復帰したときに返還することを不能ならしめたとの事案において，履行不能の場合は，履行不能に確定した時点で算定する（最判昭35・12・15民集14巻14号3060頁，〔判評〕椿寿夫編『担保法の判例(2)』〔澤野順彦〕50頁）。

(2)　土地の売買において，債務の目的物の価格が，履行不能後値上りを続けてきた場合において，履行不能となった際債務者がその事情を知りまたは知りえたときは，債権者が口頭弁論終結時の価格まで値上りする以前に，目的物を他に処分したであろうと予想された場合でない限り，右終結時において処分するであろうと予想された場合でなくても，債権者は，右終結時の価格による損害の賠償を請求しうるとして，履行不能後値上がりし，履行期に予見し得べかりしときは，口頭弁論終結時の価格を基準とする（最判昭37・11・16民集16巻11号2280頁）。

(3)　本来の給付を請求したが，それが執行不能になった場合にそなえて賠償請求する場合には，口頭弁論終結時が基準時となる（最判昭30・1・21民集9巻1号22頁，〔判評〕上原敏夫・民判百(2)〈第4版〉28頁）。

5.2　履行遅滞の場合

債務者が履行を遅滞している間に，目的物の価格がいったん騰貴し，その後

再び下落したような場合はどうか。変動価格による損害を民法416条にいう「通常損害」とみるのか，それとも，「特別損害」とみるのかが問題となる。また，遅滞中に有利に転売する機会を失った場合の損害についても問題となる。履行不能の場合で同様の事案では，契約価格と履行期の市価の差額を転売利益として認めている。これに対して，遅滞の場合は，判例は，当初，価格騰貴の場合，騰貴価格によって転売して得られる利益は特別損害との立場より，通常損害とは認めず，転売が予定されかつそれが容易になしえたという特別の事情がある場合にのみ，買主は契約代金と下落した時価との差額を賠償額として請求できるとした（大判昭9・1・16大裁例8巻民1）。その後，この損害が通常損害か，特別損害かを明確にすることなく，転売によって得べきであった利益を失ったことによる損害額は，履行期と引渡時との市価の差額を基準とすべきとの判断がある（最判昭36・12・8民集15巻11号2706頁）。なお，遅滞後解除された場合は，判例は，解除時に本来の給付請求権が損害賠償請求権に転化するとの理由から解除時を基準としている（最判昭28・10・15民集7巻10号1093頁）。

5.3 中間最高価格の問題

さらに，損害賠償の算定時期として，騰貴した一番高い価格（中間最高価格）を標準として損害額を算定してよいかが問題となる。これをいわゆる中間最高価格の問題という。判例は，始め売買契約後目的物の価格が自然に騰貴した場合には，買主は，買受価格で転売したと否とにかかわらず，不履行の売主に対し騰貴額の賠償を求めうるとして，騰貴後の目的物の価格は通常生ずべき損害としつつも（大判明38・11・28民録11輯1607頁），債権者において，履行を履行期に受けていれば転売による利益を得られたにもかかわらず，債務者の履行遅滞により好機を逸したとの理由により，債権者による任意の時期の算定（中間最高価格）を認めた（大判明39・10・29民録12輯1358頁）。しかし，この見解では，債権者は常に最高価格の転売ができるとの仮定に立つものであり，転売不能の具体的事実のある場合でもその最高価格による賠償を認めることになると非難されてきた。判例は，その後，最高価格による利益を「特別ノ事情」によるものとして，不法行為によって滅失毀損した物が後に価額騰貴し被害者がこれに

よって得べかりし利益を失った賠償を求めるには，被害者（買主）において不法行為がなければ騰貴した価格で転売その他の方法によって利益を確実に取得したであろうという特別の事情があって，その事情が不法行為当時予見しまたは予見しうべきだったことを必要とし，訴訟上これを主張立証しなければならないとした（大判大15・5・22民集5巻386頁——富貴丸事件）。ただし，いやしくも，商人が商品を売るような場合，通常，転売を予定しているのが当然とみられるから，中間最高価格の請求が認められてよいのではなかろうか。

6 損害賠償の範囲と金銭評価方法

6.1 損害額の算定と因果関係

債務不履行を原因として生じた損害といっても，それは際限なく広がっていくことになる。これをすべて賠償させるということは，公平の原則からいっても妥当でない。そこで，どの範囲まで賠償させるかが重要な問題となる。民法416条は，その一般原則を掲げたものである。判例によると，この条文の趣旨は，債務不履行があった場合に，その場合だけの特有な損害は除いて，通常生ずる損害に限定するのが原則であるとしている。これを相当因果関係説と呼んでいる。しかし，それでは範囲が狭すぎるというきらいがでてくる。そこで，特別の事情によって損害が拡大している場合には，債務者がその特別の事情を予見することができたか，あるいはできるはずであった場合には，その特別の事情による損害も含むことにしている。

そうはいっても，このような抽象的な原則は，実際の適用にあたってその範囲を決めることは大変困難な問題である。例をあげて考えてみよう。

(1) AがBにある品物を交付するという約束をしながら期日に持参しなかったため，BはCに転売して得られる利益を失っただけでなく，逆にCから違約金を取られた場合に，転売することを前提として考えるかどうか，また，違約金を特別の事情に入れるかどうか等が問題となる。結局，当事者の職業とか，目的物が動産なのか不動産なのか，あるいは，契約締結の際における事情などを考慮して，弾力的に解決していく以外に方法はない。

(2) 債務者が履行を遅滞している間に，目的物の価格がいったん騰貴し，そ

の後再び下落したような場合，これを特別の事情による損害と認め，騰貴した際の一番高い価格（これを中間最高価格という）を標準として損害額を算定することが正当かどうかが争われている。判例は，債務者がそのことを予見しえたはずだということを要件としてのみ肯定することにしているが，これについても問題が多い。

たとえば，商人が商品を売る場合であれば，商人間の売買では常に転売がその内容をなしているし，商人は一番高い価格の時に売るのが妥当であると考えられ，中間最高価格の賠償請求をすることができるといえよう。ただし，これは一応の推定として認められ，反証によってくつがえるというような見解も強く主張されている。最近，この損害賠償の範囲の問題については，判例・学説が長い間採ってきた相当因果関係説について，再検討すべきであるといわれている。

6.2 金銭債務についての特則

金銭債務については，履行遅滞による損害は常に一定であるという点に特色がある。一般に，利息のように発生するものであるから，遅延利息とか遅延利子などの言葉で呼ばれている。したがって，遅延利息の内容は損害賠償である。その利率は，特約がなければ，民事債権については年5分（民404条），商事債権については年6分（商514条）の割合で発生する。金銭債務のもう一つの特色は，債務者の責めに帰すべからざる場合でも賠償しなければならない点である（民419条2項）。債務者にとっては，この点に不利益な面もあるが，損害の額が常に一定であるという有利な点もある。

6.3 損害の金銭評価

損害賠償は，原則として金銭賠償であるから，損害を金銭で算定しなければならない。算定方法は損害が財産的損害か，非財産的損害下により異なるが，一般には，諸般の事情を考慮の上，当事者の公平の観点から算定することになる。

(1) 財産的損害

(ア) 所有権が侵害された場合

①所有物が滅失した場合は，原則として滅失時の交換価値が損害額となる。それ以上の交換価値を取得する可能性がある場合には，その予見可能性のある限りその価額が損害額となり，逆に滅失後，価格が下落した場合には，滅失時の価格が損害額となる。物の所有権が滅失以外の方法で失われた場合も滅失の場合と同じである。他方，②所有物の毀損の場合の損害額は修理費となる。修理不能の場合は交換価値の減少分である。なお，営業物の毀損の場合は，修理期間中の得べかりし利益（毀損しなかったら得たであろう利益）が損害額となる。③所有物の不法占有の場合は，その損害額は賃料相当額である。賃貸借終了後，賃借人が目的物を権原なく占有しているときは，従前の賃料相当額が損害額であり，それより高く賃貸し得たときは，その金額が損害額となる。賃貸中の物を第三者が不法占拠する場合は，賃料ないし時価相当賃料が損害額である。無断譲渡・転貸の場合の損害も賃料相当額であるが，転貸料を損害額とすることもできる。

賃借権等の用益権の侵害では，その交換価値があればそれにより，なければ得べかりし利益によって損害額を算定する。用益そのものが害された場合は用益による得べかりし利益が損害で，その金額は通常，賃料相当額であるが，営業上の収益によって算定してもよく，その場合には，賃料その他の経常費を控除しなければならない。

担保の目的物が毀損され（抵当山林の立木の伐採等），目的物の価値が減少したり，競売手続の妨害を受ける等，担保権侵害の結果，被担保債権の満足を得られなくなった場合の損害は弁済不足額となる。

(イ) 債権が侵害された場合

債権の行使が妨げられた場合には，その弁済期から妨害の止んだ時までの延滞利息相当額が損害額となり，**債権の喪失**が生じた場合には，債権相当額が損害額となる。また，工業所有権等の侵害では，加害者が侵害行為によって受けた利益は被害者の損害と推定し，また少なくとも権利の実施によって，通常受けるべき全額を損害額とすることができるとしている（特許法102条，実用新案法

29条，意匠法39条，商標法38条）。**有価証券の侵害**では，証券上の権利を失わせた場合には，時価相当額が損害額であるが，権利を失わず証券の再交付を求められる場合には，時価相当額ではなく債権行使が妨げられた場合の損害額となる。

　(ｳ)　生命が侵害された場合

　生命侵害による損害の主要なものは，生存していたら得られたであろう収入（得べかりし利益）である。それは，本人の平均余命（厚生労働省の作成の生命表による）を基にして残余可能稼働年数を算出し，それに死亡時の年収を乗じたものが収入総額となる。そして，総収入から本人分の生活費と，中間利息を差し引いた金額が損害額である。これを数式化すると，損害額＝（残存可能稼働年数）×（死亡時の収入）－（本人の残余年数分生活費＋中間利息）となる。生活費は，本人1人分のもので，中間利息を控除するのは，将来得られるはずの収入を現在，一時に受け取ることになるためその間の利息を差し引くものである。この場合，算定の基礎となるのは死亡時の収入であるため，例えばその後の昇給，ベースアップ，賞与の考慮の可否，死亡時無収入者（幼児・無職者・主婦等）・自家営業者の所得基準等をどう取り扱うかが問題となる。昇給は考慮すべきであるが，ベースアップは確実性がないので考慮すべきでなく，また，賞与は給与の後払いの意味があり，通常，年間給与に含めて算定されるので考慮される。

　では，無職者や，自家営業者の場合はどうか。前者は零と評価するほかなく，後者は，過去数年間の平均所得を基準とすることになろう。

　問題は，家事専業の主婦とか，年少幼児の場合である。一般に，算定困難の場合には，残余平均労働可能年数にわたる女子雇傭労働者の平均賃金を基準として算定されている。幼児については，中卒労働者の平均賃金を基準とした判例もある。

　このように，基準収入については不確実要素が多く，人命の価値を区別評価するもので，適切といい難いともいえる。最近は逸失利益の定額化が望ましいとの主張もある。しかし，実際には慰謝料算定によってその過不足を調整できるとし（慰謝料の調整機能という），判例もその立場をとっている。その他の財産的損害として死亡迄の治療費，葬式費用，墓地，墓碑建設費用等の出費に

ついては社会通念上，相当と考えられる範囲内の金額で認められる。

(エ) 身体侵害の場合の損害

身体侵害の場合の損害の中心は，得べかりし利益（休業中の失われた所得，後遺障害による労働能力低下にもとづく所得減少額）である。所得の減少額算定の基準となる労働能力喪失率は，労働者労働能力喪失率を基準とした裁判例がある。その金額算定は生命侵害の場合に準ずる。その他，治療諸経費，休業中に他人を雇い入れた費用も損害とされる。また，その他の人格権侵害の場合，その損害が財産的なものであれば賠償の対象となるが，通常，慰謝料の算定で斟酌することによって解決されることが多い。

(オ) 弁護士費用

権利侵害を被った場合の救済として，弁護士に訴訟追行を委任した場合の弁護士費用も，不法行為と相当因果関係にある損害といえる。裁判例も損害としているが，損害額は実際に弁護士に支払った金額ではなく，報酬・費用として相当な金額により算定され，これに限られる。

(2) 非財産的（精神的）損害

不法行為によって被った精神的損害を塡補するのが慰謝料であるが，精神的苦痛を金額に評価する客観的基準を立てることはできない。判例は，損害額の証明がなくても，裁判所が諸般の事情（加害の態様・程度，当事者の資産・年齢・職業・地位等）を斟酌して自由な心証によって決定すべきであるとしている。

7 責任の限定

7.1 過失相殺

過失相殺とは，たとえば，債務者が履行しなかったのは，債権者が移転先を通知しなかったからだというように，債権者にも過失がある場合には，それを斟酌して損害の額を決定したり，責任を軽減・免除することができ（418条），また，被害者にも過失がある場合には，裁判所は損害賠償の額を定めるについてこれを斟酌することができるとするものである（722条2項）。公平の原則にもとづく。もっとも，この場合に考慮すべき過失といわれるためには，債務者

の方でもよく調べれば、すぐに移転先がわかったのにそれをしなかったという事情がなければならない。ただし、債務不履行の場合には、裁判所は損害額について斟酌することができるだけで、損害をゼロにすることはできないというのが通説である。最近はこれを疑問だとする者も多い（北川善太郎『債権各論』743.72参照）。

責任能力の箇所で述べたように、では、過失相殺はいったい何歳から適用されるのであろうか（過失相殺年齢）。子供が飛び出してきた自動車事故等で、何歳から過失能力を認めるかが具体的に問題となる。判例は、8歳の子供に過失能力を認めている（最大判昭和39・6・24民集18巻5号854頁）。8歳（小学校2年生）になると、学校で十分な交通道徳教育が行われるから、道路に飛び出すことが危険であることはわかっているはずだとして過失を認めたのである。過失が認められると、加害者の損害額が、それらを斟酌して減額されることになる。そうすると、5歳の子供が飛び出した場合のように、過失能力のない子供のときはどうなるのであろうか。最高裁判所は、公平という観点に立って、被害者を被害者側と解釈し、監督義務者である親権者の過失を斟酌して賠償額を減額した（最判昭42・6・27民集21巻6号1507頁）。これで大体はまかなえるであろうが、被害者側にも過失がないという場合は、減額されないのかということが問題になる。加害者にとってみれば、8歳の子供でも5歳の子供でもあるいは親権者に過失がない場合でも、同じ状態で事故を起こしているのである。にもかかわらず、ある場合には減額され、ある場合には減額されないというのは不公平である。最近の下級審では、これは減額するためのテクニックにすぎないと割り切って、2歳の子供でも過失があるとして減額を認めたものがある。

7.2 損益相殺

加害行為によって、被害者に損害と同時に利益も生じた場合には、損害から利益を控除したものが賠償額となる。これを損益相殺という。たとえば、生命侵害の場合に、死者の推定収入から実際の支出を免れた生活費を控除するのも一種の損益相殺である。また、損害賠償請求権を行使した結果、たとえば他人の自動車を壊した者が、その代金の全額を賠償したときは、壊れた車の所有権

は賠償者に帰属することになる（422条参照）。

7.3　賠償額の予定

　債務不履行の場合に，債権者は，債務者に対して，本来の給付とともに，損害の賠償を請求できる。そして，その損害の範囲については，判例は，債務不履行と相当因果関係に立つ全損害であるとする（大判大15・5・22民集5巻386頁——富貴丸事件）。しかしながら，具体的にその範囲を証明するのは容易でない。そこで，債務者が賠償すべき額を予め当事者の契約で決めておくことができる。これを「損害賠償額の予定」という（民420条1項）。

　一般に賠償額の予定の合意には種々の趣旨がある。たとえば，①遅延賠償額の約定にすぎず，本来の履行請求も，解除もできるもの，②予定した賠償額で決済し，本来の履行を求めえないもの，③契約関係一切をこれで精算しようとするもの，である。

　民法は，①を予定している（民420条2項）。そして，損害賠償の予定をすると，一般には債務不履行による損害賠償請求をする場合，債権者の側で損害の発生およびその額を立証しなければならないが，債権者が債務不履行の事実さえ証明すれば，債務者は前もって定めた賠償額を支払わなければならないことになる。したがって，債務者は，債務不履行につき「過失（責めに帰すべき事由）」がないこと，「損害の発生」がないことを，たとえ証明しても責任を免れることはできない。

　また，実損害より予定額の方が多くても予定額を賠償しなければならない。債権者としては，実損害のない場合においても請求できる点でメリットがあるが，反対に予定額より実損害が大きいことを証明しても予定額しか請求できないことになる。なお，損害賠償額の予定よりも，損害が多くても少なくても，裁判所は原則として予定額を増減できない（民420条1項後段）。しかし，暴利行為まで許すとの趣旨ではないから，「公序良俗」に反する場合，たとえば，損害賠償額の予定が債務額に比べて過大である場合などは，裁判所において減額できると解される（民90条）。とくに，土地・建物の販売とか割賦販売の場合には，その額が法律で制限されている（宅建業38条，割賦6条）。

違約金との異同が問題になるが，違約金とは，不履行の場合に債務者が債権者に支払うことを約した金銭であり，一種の制裁金でもある。金銭以外のものを支払う場合もある。債務不履行による損害賠償とは別に不履行をした者が支払う必要がある点で損害賠償の予定とは異なるが，わが民法は，実際は両者は相似していることを理由に賠償額の予定と推定している（民420条3項）。

8　不法行為と損害賠償請求権の時効

8.1　損害賠償請求権の時効

　債務不履行による損害賠償請求権は特定種類の債権（民169条から174条）を除き「権利を行使することを得る時」から時効は進行し（166条1項），10年で消滅する（167条）。権利時を行使することができる時とは，権利行使について法律上の障害がなくなったときと解され，その成立と同時にいつでも行使できるものから，期限の定めがある場合，期限の定めがない場合，不確定期限ある場合等にわかれる。これに対して，不法行為による損害賠償請求権は，被害者またはその法定代理人が損害および加害者を知った時から3年間これを行使しないと，時効によって消滅する（724条前段）。また，不法行為の時から20年経過したときも消滅する（同条後段）。これは，除斥期間であるとするのが通説である。このような規定を設けたのは，時間が経過すると，①不法行為の要件である過失とか因果関係の存在等の証明が困難になること，②被害者の感情も緩和しているであろう，ということからである。

　この時効については，次のような問題もある。ある事故が発生した場合に，加害者が被害者に対して，自分の行為が犯罪に該当するかどうか，つまり有罪判決を受けるかどうかわからない，もし無罪であれば自分は非難されるべき事由はないのであるから，それまで損害賠償の請求をしないでほしいというので，被害者の方で損害賠償の請求をしないでいる間に3年を経過してしまい，加害者は消滅時効を援用するという事件がいくつか起こり，判例は，このような場合に消滅時効を援用するのは，信義誠実の原則に反するとして，被害者の救済を念頭において妥当な結論を得たという事例もある。

8.2 短期消滅時効の趣旨

不法行為による損害賠償請求権については，特別に短期消滅時効が定められており，被害者またはその法定代理人が損害および加害者を知った時から3年を経過すると時効消滅するとされている（民724条前段）。一般債権の消滅時効が10年である（民167条1項）のに対して，このような短期の消滅時効が定められている理由としては，①不法行為の成立の証明や損害額の算定が日時の経過とともに急速に困難になっていくため速やかに法律関係を確定する必要があること，②3年も損害賠償請求権を行使しない者は，権利の上に眠る者として保護に値しないし，被害者の被害感情もすでにやわらいでいると考えられるということなどがあげられる。

8.3 消滅時効の起算点

消滅時効の起算点は，「被害者またはその法定代理人が損害及び加害者を知った時」である。不法行為にもとづく損害賠償請求権にあっては，一般債権と異なり，被害者側で損害の発生や相手方を知らない場合があるので，被害者保護のために起算点をこのように定めたのである。なお，被害者が法人である場合には，実際の職務担当者がこれを知っていれば，代表機関が知らなくても消滅時効は進行する（大判昭13・9・10民集17巻1731頁）。

(1) 損害を知るとは

「損害を知る」とは，不法行為にもとづく損害の発生したことを知るということで，損害の額・程度まで知ることは必要ない（大判大9・3・10民録26輯280頁）。最高裁は，最近，民法724条にいう被害者が損害を知った時とは，被害者が損害の発生を現実に認識した時をいうとし，この問題について，最高裁として初めての判断を示した（最(三小)判平14・1・29民集56巻1号218頁）。この損害は，不法行為の当時においてその発生を予見することが可能であった損害すべてを含むが，たとえば，受傷時から相当期間経過後に，受傷時においては医学的にも通常予想もしえなかったような治療が必要となったときは，その治療を受けるようになるまでは，その治療に要した費用の損害賠償請求権について時効は進行しない（最判昭42・7・18民集21巻6号1559頁）。

(2) 加害者を知るとは

「加害者を知る」とは，加害者に対する損害賠償請求が事実上可能な状況のもとに，その可能な程度に知るということである。したがって，場合によっては被害者が加害者の住所・氏名を確認した時に加害者を知ったことになる（最判昭48・11・16民集27巻10号1374頁）。なお，民法715条の使用者責任については，被害者が，使用者ならびに使用者と加害者との間に使用関係がある事実を知り，さらに，被害者が一般人において当該不法行為が使用者の事業の執行につきなされたものであると判断するに足る事実を知った時に，加害者を知ったことになるとされている（最判昭44・11・27民集23巻11号2265頁）。

(3) 継続的不法行為の場合

継続的不法行為の場合，その損害が継続発生する限り，日々に新しい損害が発生し，それぞれの損害を知った時から別々に消滅時効が進行する（大判昭15・12・14民集19巻2325頁，円谷峻「不法行為法」法学セミナー増刊154頁）。なお，鉱業法115条2項は，鉱害の賠償につき，進行中の損害はその進行のやんだ時から消滅時効が進行するとしている。

Expand

9　"From Now" 損害賠償範囲の決定基準・逸失利益の算定

9.1　損害賠償範囲の決定基準

　損害賠償範囲の決定基準論の問題には，制限賠償を原則とするとの考えと，完全賠償の原則との対立がある。前者は，英米仏にみられ，賠償すべき損害を比較的狭くしている。後者はドイツにみられ，建前としては全損害を賠償しなければならないとするものであるが，相当因果関係による限定がされている。わが国の民法416条は，英仏法に似た規定であるが，ドイツ法学の強い影響のためか，その後学説が変わり，現在では相当因果関係説が通説となっている。

　今日の新しい動きとしては，損害賠償の範囲の決定基準として，民法416条によらず，過失の前提である注意義務がどのような損害の回避を目的としていたかにより決定されるとか（義務射程説（保護範囲説）＝平井『債権各論Ⅱ（不法行為）』123頁，幾代通＝徳本伸一補訂『不法行為法』139頁），また，今日の不法行為による損害が必ずしも，一次的加害によるもののみではなく，それに続く損害による場合が多いことに着眼し（交通事故での入院先での加害行為とか，そこで，院内感染により死亡した等），特に，後続損害につき，その危険範囲の確定により決定するとするものがある（前田『不法行為法』299頁）。これらは，いわば損害賠償がそもそも損害が生じなかった状態への復帰であるとの視点にたちつつ，新しい基準を提供しようとするものといえる。さらに，以上の，民法416条類推適用否定説を批判し，民法416条を再評価し，「通常損害」を，「相当な損害」と解し，損害が加害行為の相当な結果か否かという，いわば客観的な判断でなされるとする考え方が提唱されている（澤井『不法行為』202頁）。今後の理論展開が注目される。

9.2　逸失利益の算定

　逸失利益の算定に関しては，家事専業の主婦，年少幼児の場合，さらに外国人死傷の場合が問題となる。男女雇用機会均等法が施行されている現在，労働

における男女平等をどう考えるかである。そうしたことを反映して，近時の学説や，下級審裁判例では，できるだけ是正しようと試みるものもある。たとえば，幼児について女子の平均賃金ではなく，男女を含む全労働者の平均賃金を算定に基礎にするもの（最近では，東高判平13・8・20判時1757号38頁），家事労働に関し，家事労働分を加算すべきとするもの（東地判昭49・2・19判時746号63頁）がある。

コラム

ホフマン方式とライプニッツ方式

　わが国では逸失利益の請求につき，一時に全部の請求がなされることがほとんどであるため，中間利息控除の方法が問題となる。その方式には，ホフマン方式（今日では用いられていない），複式ホフマン方式，ライプニッツ方式とがある。判例は，複式ホフマン方式（最判昭37・12・14民集16巻12号2368頁）も，ライプニッツ方式（最判昭53・10・20民集32巻7号1500頁）のいずれも合理性があると認めている。
　(1)　複式ホフマン方式（単利方式）
　各期間（通常，年）ごとに一括受領するものと仮定し，利息を単利で計算するものをいう（複式＝新ホフマン方式）。数式であらわすと，Bを年間純利益とし，nを稼働年数，rを年利率とすると，

$$X = \frac{B}{1+1r} + \frac{B}{1+2r} + \cdots\cdots \frac{B}{1+nr}$$

となる。

　ただし，長期間にわたる場合（複式による36年以上の場合）には利息だけで年間の逸失利益を超えるという不合理をもたらし，また，金融機関では複利が常態であることと整合性がないとの批判がある。
　(2)　ライプニッツ方式（複利方式）
　ライプニッツ方式には，同額年収を基礎とするものと，単位年度ごとの年収を基礎とするものがある。
　(a)　同額年収を基礎とする　　稼働年数を通じて同額の年収と仮定すると，複利複式の計算モデルは次のようになる。
　（毎年同額の収入が生じるとして，n年分の合計rを求める場合の計算法である）

点線で囲んだ部分については，年数ごとに計算された数字が一覧表の形でできていて，ライプニッツ係数表とか複利現価表とか呼ばれる。

(b) 単位期間ごとの年収昇給などを考慮して，単位期間（通常，1年）ごとの収入を基礎にすると計算数式は次のようになる。この方法は，通常の期間では控除額が大きく，被害者に不利益である。

数式は，
$$X = a \times \frac{1-(1+r)^{-n}}{r}$$

10 責任の限定と "From Now"

過失相殺の問題には，誰の過失を対象とするのか，またどのような過失を対象にするのか議論がある。被害者側の過失，被害者の素因減額の問題である。

10.1 被害者側の過失

過失相殺の要件として，被害者の範囲を，事故の発生・拡大に関して，直接の当事者から，どの範囲までをその対象として考慮すべきかは難しい問題である。これが，被害者側の過失を斟酌するか否かの問題である。その多くは，幼児の過失相殺能力をどのように考えるかということと関連する。

10.2 監督義務者の過失

従来，子の損害賠償請求については，少くとも子に過失がない限り，親の過失をもって過失相殺はできない（大判大正4・10・13民録21輯1683頁）とされていた。しかし，賠償請求者の相違によって，過失相殺の有無が異なる結果を導くことは妥当でないため，このような場合には，親の過失をもって過失相殺が認められる（最判昭42・6・27民集21巻6号1507頁）とされた。

10.3 配偶者の過失

夫婦が同乗した自動車事故に関して，夫婦の生活上の一体性を根拠に，過失相殺が認められている（最判昭51・3・25民集30巻2号160頁）。しかし，「生活上の一体性」による適用範囲の拡張には，その根拠付や限界（たとえば，同居人は

どうなのか，などの疑問が残る）をより明確にしておく必要性があろう。

10.4 死者の過失

被害者が死亡した場合に，近親者が固有の権利として損害賠償を求めた事案においても，死者の過失は斟酌される傾向にある（最判昭31・7・20最大判昭39・6・24民集18巻5号854頁）。

10.5 被害者の素因

被害者が事故前に有していた疾病等の特別な素因が，損害の拡大に影響を与えている場合に，かかる素因をどのように考慮すべきかについて見解が分かれる。従来，素因の問題は，損害賠償の範囲を定める場合において，通常生じうる損害であるのか，それとも予見可能な特別損害であるのかという観点から処理されてきた。その後，素因を因果関係の問題として捉え，損害発生についての寄与した割合に応じた責任が認められるとする割合的因果関係説や，心証度を基準に因果関係を捉える確率的心証説などが主張された。さらに，素因を損害賠償の算定の問題として捉えた，寄与度減額説，過失相殺類推適用説なども主張されている。

判例には，交通事故により頭部打撲傷を負った被害者が，多様な精神障害を呈した後に呼吸マヒを直接の原因として死亡した事案で，本件事故による傷害のほか，事故前に罹患した一酸化炭素中毒も原因となっていることは明らかであるとして，加害行為と被害者の罹患していた疾患とが共に原因となって損害が発生した場合，当該疾患の態様，程度などに照らし，加害者に損害の全部を賠償させるのが公平を失するときは，裁判所は，損害賠償の額を定めるに当り，過失相殺の規定を類推適用して，被害者の当該疾患を斟酌するのが相当であるとした。なお，この事故では，損害の50パーセントを減額している（最判平4・6・25民集46巻4号400頁）。

10.6 組織の過失

今日，被害者の被用者の過失がその損害の発生・拡大に寄与した場合に，損害外賠償にあたりその過失が斟酌できるかどうかが問題となる。従来，被用者

の過失として論議されてきたもので，被用者の過失が考慮されたり（大判昭12・11・30民集16巻1896頁），自動車が，従業員の操縦中他人の不法行為によって破壊された場合，自動車従業員に過失のあったときは，本条の被害者の過失に包含されるとするものがあった（大判大9・6・15民録26輯884頁）。しかし，これは，個人責任的考え方によるものであり，今日の組織責任を問う場合には，使用者，被用者という関係がある場合，その行為が，組織活動がその組織の方針に沿い行われ，その過程で，被用者の行為が他人に損害を与えた場合には，その行為者である被用者が誰であるかは，被害者にとり問題とならず，その組織活動こそ責任の根拠となると考えるべきである。そうしたことから，組織過失（過誤）自体の過失を斟酌することが必要となる。

　以上のように，過失相殺は，双方の責任の相殺ではなく，もっぱら加害者の責任軽減事由として捉えられており，しかも被害者側の過失として斟酌される範囲は，判例学説において，被害者と何らかの特別な関係にある当事者については広く認められてきている傾向があるといえる。

11　不法行為の損害賠償請求権の時効と"From Now"

　不法行為による損害賠償請求権は，それが発生すると同時に履行遅滞となるから，遅延損害金が発生することになる。そして，この遅延損害金についても民法724条が適用されるかが問題となる（大判昭11・7・15民集15巻1445頁）。

　また，不法行為による損害賠償請求権は，不法行為の時から20年を経過したときにも消滅する。この20年という期間は，時効期間ではなくて除斥期間であると解するほうが適当であるとされている。したがって，時効の中断ということはないし，裁判においては，当事者の援用をまつまでもなく当然に効力が生じる。この20年という除斥期間を設けた趣旨は，損害賠償請求権の消滅時効の起算点を，損害および加害者を知った時としたため，被害者がこれを知らなければ損害賠償請求権はいつまでも存続することになり，法律関係がいつまでも確定しないことになるので，このような不都合を回避するため，不法行為の行われた時から20年の経過によって当然消滅することとしたのである。

第4講　差止請求と損害賠償

Case 5　Aはある空港の近隣で，特に，航空機の離発着コースの真下に居住しているため，ここ2～3年，航空機の離発着が多くなり，その騒音のため，不眠症になった。できれば，夜9時から翌朝7時まで，一切の航空機の離発着をやめてほしい，可能か。その場合，損害賠償請求をすると，差止請求はできないのか。

Introduction

1　差止請求権と損害賠償

　不法行為の効果として，加害者は損害賠償の義務を負う。賠償の方法としては，原則として金銭賠償を採用し (722条1項・417条)，例外的に，名誉毀損の場合につき，被害者の請求によって損害賠償に代え，または損害賠償とともに名誉を回復するに適当な処分，たとえば，新聞に掲載される謝罪広告等を裁判所は命ずることができるとする (723条)。

　では，こうした被害を生ずる前に，何らかの措置をとることができないのであろうか。たとえば，隣の工場から受忍限度を超える騒音が出され，そのため，難聴になったとかの場合，被害者は当然に慰謝料の請求はできる。しかし，その場合に騒音を出すのを止めろという差止請求ができるのか，という問題である。3つの考え方がある。

　第1は，騒音により自分の土地所有権が侵害されているとして，いわゆる物権的請求権を行使してその排除を求める。

　第2は，人格権という権利にもとづいて差止請求をする。

　第3は，不法行為の直接の効果として差止請求をするというものである

(*Issues* で詳しく述べる)。

　人格権にもとづく差止請求が通説であるが，不法行為の効果としての差止請求を認める考え方も有力になりつつある。他方，差止請求が認められると多くの経済活動，私的な所有権を制限することになり，民法の原則と矛盾を生ずることになり，これを認める要件については慎重な配慮を必要とする。

　では，差止請求と損害賠償の関係はどのようなものであろうか。たんてきに言えば，差止めが認められるには，事後の金銭賠償によっての保護として十分でなく事前の直接抑制が必要といえるだけの特別な事情のあることが必要となろう。

2　差止請求の機能と根拠

2.1　差止請求制度の意義と機能

　不法行為による損害の発生が予想され，かつその原因者が明らかである場合，被害者となるおそれのある者は，その原因者に対して損害の予めの予防措置を請求できる。これが損害の差止請求である。

　ところで，加害者，とくに，加害行為が企業活動による場合の被害者に与える損害は，人身に対する被害，ならびに，環境に対する被害等，原状を回復することが不可能または著しく困難なものが多く，これらの被害は，本来的に金銭によって償うことのできないという性格をもっている（例：水俣湾汚染，森永ドライミルク事件，古くは，足尾鉱毒事件等）。

　以上に対し，不法行為によるこうした損害に対する態度は，違法行為から既に生じた損害に対してその損害の塡補を目的としている。たしかに，これらの被害に対して損害賠償を求めることによって，間接的には，被害を未然に防ぐことになるともいえる。しかしながら，現在なされている違法行為，また，「将来」なされようとする違法行為に対しては，より直接的に企業に対してその違法行為の排除もしくは，停止ないしは，違法行為の予防という手段の方がより適切ともいえるのではなかろうか。

　したがって，不法行為によってはこうした被害発生前の損害防止の方法に対して，なんらその機能をもちえないといえる。

ここに，企業の操業停止・短縮，防止設備の設置等を含む差止請求を認めるもとになる理由があるといえる。

2.2 差止請求をどのような法的根拠で認めればよいのか

では，こうした差止請求を認めることが必要だとしても，どのような法的根拠のもとに考えればよいのであろうか。

民法において，侵害行為を差し止められるのは，自己の所有物か，占有物（現実の支配ある物）が，他人によってその利用が妨害されるか，妨害されるおそれのある場合に，所有権または占有権にもとづいて妨害の予防ができるとする（妨害予防排除の請求権，198条・199条）。そこで，これを根拠に差止請求を認めようとする考え方がある（物権的請求権説）。

しかし，この考え方によると，占有権とか，所有権をもっている者はこの権利を使うことができるが，それ以外のものはこの手段は利用できない。また，物権（所有権・占有権）の侵害には差止請求できるが，人身の被害に対する企業活動の差止請求の根拠としては問題がある。

生命・健康に対する権利を「人格権」に含め，これにもとづいて差止請求を認めようとの考え方がある（人格権説）。その根拠は，人格権を認める規定はないが憲法の保障する生存権に含まれるという。裁判例には，この人格権を根拠に企業活動の差止請求を認めたものがある（大阪国際空港事件控訴審，大阪高判昭50・11・27民集35巻10号1881頁，判時797号36頁，判タ330号116頁，ジュリ761号187頁，なお，判例評釈は多数あるが，さしあたり，法学セミナー増刊「不法行為法」〔円谷峻〕156頁，森島昭夫・ジュリ605号53頁，西原道雄・判時797号25頁，石田喜久夫・判時797号21頁，澤井裕・別冊ジュリ16巻1号105頁等）。

そして，人格権説を基礎に発展させたといえるものに「環境権説」がある。

さらに，絶対権の侵害については，常に差止請求を認め，それ以外は，被侵害利益の種類ならびに程度と侵害行為の態様とを比較考慮し，差止請求を認めようとするものがある。

Issues

3 加害行為（企業活動）の差止めが認められる要件

3.1 差止請求を認める必要性

民事上の差止めは，将来の損害発生を未然に防止するための方法である。したがって，一方，加害（企業）行為の差止めをどのような法的根拠をもって認めるとしても，不法行為上の損害賠償と異なり，相手方である加害者（企業）に多大な損害をもたらすことになる。したがって，差止請求が認められるための要件は十分慎重に決定されなければならない。また，他方，この差止請求が認められないと，被害が発生してからの救済が困難になるか，それでは遅い場合もある。

3.2 差止請求の根拠をめぐる議論

Introduction で紹介した差止請求権をめぐる議論をさらに詳しくみると，次のような考え方に分けることができる。

すなわち，(1)権利説，(2)不法行為説（利益説），(3)複合構造説（二元説・折衷説），である。

(1) 権 利 説

差止請求をなす者にどのような権利があるかという点から考え，差止請求権の根拠を△△権にその根拠を求める考え方である。この類には，(ア)物権的請求権説，(イ)人格権説，(ウ)環境権説の3つがある。

(ア) 物権的請求権説　民法が所有権等の物権が侵害されたときに認められる，物権的請求権としての妨害排除や妨害予防が認められることを根拠とするものである。しかし，この考え方では，なんらかの権利をもっている者にはよいのであるが，それ以外の者はなすすべがないことになる。

(イ) 人格権説　これは，企業のもたらす被害が，個人の生命・健康・快適な生活等への侵害であることから，今日，プライバシー，名誉等の人格的利益を保護するのに利用されている人格権を，これらの保護を目的とした人格権概

念の中に含ませ，これをもとになる理由に差止請求が認められるとするものである。今日の通説・判例といえる。

　(ウ)　**環境権説**　この考え方は，(イ)の考え方を発展させたものである。それによると国民に，良い生活環境において生活する権利としての「環境権」という概念を認め，こうした環境を破壊するものには，環境権にもとづいて差止めを請求できるとするものである。この説には，環境権概念の不明確さに難点があるとの批判がある。

　(2)　**不法行為説**

　権利説は，差止請求をする者の権利を根拠に差止請求を認めようとするものである。これに対して，不法行為説は，権利を根拠とせず，差止めによる利益があるならば直接，709条による不法行為の効果として差止めを認めようとするものである。

　この考え方には，上記の純粋不法行為説以外に，違法性があれば故意・過失の有無を問わず認めるとするもの（違法侵害説），過失・違法性を一元化して受忍限度という判断基準を立て，差止めを認めようとするもの（新受忍限度説）がある。

　この説に対する批判は，不法行為は過去の損害についての塡補する制度であり，何も将来の損害発生防止のために利用できないのではないかとするものがある。

　(3)　**複合構造説**

　被侵害利益の種類と程度と，侵害行為の態様とを比較し，差止請求を認めようと考える。権利説ならびに，不法行為説の長所を採用した考え方といえる。

　(4)　**そ　の　他**

　継続的権利侵害があれば，差止請求を認めようとするものもある。

3.3　差止請求の要件と内容

(1)　差止めの要件

　被害を受けそうな者の権利を根拠に差止請求を考えるものは，当然，権利の侵害の存在が必要となる，不法行為を差止請求の根拠とするものは，侵害者の

故意・過失ならびに，侵害行為が違法性を帯びていることが要件となる。なお，違法ありとされるのは，諸般の事情を考慮して，受忍限度を超えた場合であるとするものもある。

では，具体的にはどのように考えればよいのか。差止めとは，たとえば騒音妨害があった場合，妨害者に，「妨害停止・排除・予防のために，○○の防音壁を設置せよ」とか，「工場の操業を停止せよ」とかを命ずるものである。こうした点より，具体的に考えると，以下のような諸点を考慮する必要がある。

(ｱ) **差止請求の請求権者**　差止請求をできる者は，被害を受けそうな個人である。なお，国や地方自治公共団体，法人もできる。

(ｲ) **将来の被害の発生の危険**　差止請求が認められるか否かは，究極的には，被害の程度の問題となる。過去において生じた損害は不法行為による損害賠償によって償われる。したがって，ここで問題となるのは，将来の被害の発生の危険ある場合ということになるであろう。しかも，そのなかで，とくに，差止請求が必要なものは，被害が生じた後では，原状回復が不可能な被害の生ずる恐れがある場合といえる。たとえば，加害工場から排出されたカドミウム，ヒ素，PCB 汚染等がそれにあたる。

(ｳ) **損害の回避義務，危険の調査義務ならびに妨害避止義務**　しかし，どのような場合でも差止請求が認められるのかは問題であろう。たとえば，今日の最新の設備を設置しても防止措置が不可能な場合である。

たしかに，こうした場合にも，差止請求を認めるべきとの考え方もあるが，賠償を求める過去の妨害の場合と異なり慎重を要すると思われる。

前に述べたように，差止めとは，妨害者に対して妨害の停止・排除・予防のための措置をとらせることである。それは，人，物への損害を未然に防ぐという観点から認められるものといえる。

したがって，妨害者に，損害の回避義務違反があると思われる場合に認められる。たとえば，企業の操業それ自体に潜在的な危険のある場合，されに，そうした危険について，調査したところ，具体的に危険性があることがわかった場合である。その際，企業には，こうした危険の調査義務ならびに妨害防止義務が生じるが，これを怠ったような場合には，差止請求が，当然認められる。

(エ) **被害者の証明責任の軽減**　また，差止請求は，違法な侵害の発生が，ある程度高い確率（蓋然性）と具体性をもって予測される場合に認められる。

しかし，この証明は，大変困難を極める。そこで，被害者となろう人びとの証明責任を軽減する必要があろうかと思われる。

(オ) **差止請求の理由の考慮**　さらに，差止請求がどのような理由から認められるのかも十分考慮に入れる必要があると思われる。すなわち，差止めは，事前防止の観点から認められるのであるから，人身・生命がなににもまして安全であることという考え方に立ち判断されなければならないということである。

(カ) **総量的な評価**　さらに，差止請求においては，被害の質と量を相乗し，総量的に評価して決定しなければならない。そこでは，とくに，公害については，地域性，公共性等を考慮に入れなければならない。ただし，人の健康が害されるような場合については，こうした判断基準，とくに，公共性等を，考慮に入れるべきかは疑問である。なぜならば，人の健康を奪うようなことがあるのに，それでも公共性があるとするのは，問題といえるからである。

(キ) **防止措置の設置と差止請求**　損害賠償請求においては，被害防止措置を企業がどのくらいとったかが検討される。

しかし，差止請求においては，被害が重大な場合，そうした防止措置を設けることの難易は問題とならない。これも，結局は，被害の程度がどのようなものかという点によることになると思われる。

(2) **差止めの内容**

差止めの内容には，加害者に対し，終極的差止め，たとえば，企業の全面的操業停止と，一時差止め，たとえば，企業の設備の一部の操業停止が認められる場合がある。また，加害者に対し，不作為を求めるもの（操業の停止）と，一定の設備をせよ（煤煙防止とか，防音設備等）というような，作為を求めるものとがある。

Expand

4　名誉毀損と差止請求

　わが国において，名誉侵害の問題を生じている大半が，新聞，報道等言論の自由との関係が問題となることから，差止めについては，裁判所は大変慎重である。しかし，近年，最高裁判所は，人格権としての名誉権が物権の場合と同様排他性を有する権利であることから，加害者に対して，現に行われている侵害行為を排除し，または将来生ずべき侵害を予防するために，侵害行為の差止めを認めることができるとの判断を示しているのが参考となろう（最大判昭61・6・11民集40巻4号872頁，北方ジャーナル事件上告審）。

コラム

差止請求に関する特別法

1　公害対策基本法

　公害対策基本法（昭和42年8月3日公布，即日施行）が成立するまでは，公害に関することは，民法709条，鉱業法109条以下等にもとづいて処理されてきた。公害対策基本法が施行されてからは公害関係の法規は，同法を中心としてしだいに整備されてきている。

　同法は，昭和45年に改正された。その主な改正点は次のとおりである。
① 1条の「生活環境の保全については，経済の健全な発展との調和がはかられるようにするものとする」という文句が削除された。
② 公害の概念を拡大し，従前の，大気汚染，水質汚濁，騒音，振動，地盤の沈下，悪臭という6つの典型公害に，「土壌の汚染」を加え，7つの典型公害とした（2条）。
③ 緑地の保全その他自然環境の保護との関係を明らかにした。

2　公害規制に関するその他の諸法規

(1) 大気汚染公害対策基本法制定当時には，旧ばい煙規制法が存在し，排出基準による規制が行われていた。自動車排ガスについては，道路運送車両

法に規定がある（41条12号）。公害対策基本法の制定後は，旧ばい煙規制法は大気汚染防止法に全面改正されて今日にいたっている。
(2) 水質汚濁　公害対策基本法の制定当時，水質二法（公共用水域の水質の保全に関する法律，工場排水等の規制に関する法律，昭和33年）が存在していたが，水質汚濁防止法（昭和45年12月25日）に統合整備されて工場および事業場から公共用水域に排出される水の排出を規制している。そのほかに，下水道法，清掃法，河川法などによる取締規定もある。同法で重要なのは，大気汚染防止法25条と同じく，人の生命または身体については無過失責任を規定していることである（19条）。
(3) 土壌汚染　土壌汚染については，特別な制定法はない。農地については，農用地の土壌の汚染防止等に関する法律（昭和45年法139）がある。
(4) 騒音　昭和43年に騒音規制法が定められ工場騒音と建築騒音について規制されている。自動車騒音については同法16条に許容限度についての規定があり，具体的には，自動車騒音の大きさの許容限度（昭和50年9月4日勧告53）がある。
(5) 振動　振動規制法（昭51法64）があり，一定の規制が行われている。
(6) 地盤沈下　工業用水法（昭31法146）と建築物用地下水の採取の規制に関する法律（昭37法100）があり，一定の規制が行われている。
(7) 悪臭　悪臭防止法（昭46法91）によって一定の規制が行われている。そのほかに，へい獣処分場等に関する法律（昭23法140）や廃棄物の処理及び清掃に関する法律（昭45法137）がある。
(8) 紛争処理および刑事責任公害紛争処理については，公害紛争処理法（昭45法108）があり，被害者救済については，公害健康被害の補償等に関する法律（昭48法111）がある。公害に関する刑事責任については，前記の規制法の違反があるが，これとは別個に，事業活動に伴って人の健康にかかわる公害を生じさせる行為等を処罰するために，人の健康に係る公害犯罪の処罰に関する法律（昭45法142）がある。

第5講　被用者（従業員）の行為と使用者（会社・企業）の損害賠償責任

> **Case 6**　A銀行のB支店長は，以前より取引のあったCに対して，近隣の土地開発のあることを持ちかけ，もしその気があるなら融資をすると約束した。Cはそれではその話に乗ろうと思い，Bには融資話を進めてくれといい，自己資金で，その土地の一部を買う契約をした。その後，A銀行本店の審査の結果，Cの信用に不安があるとして，この融資はできないと決定したため，結局，Cは事業にいきづまり倒産してしまった。CはAに対してどのような請求ができるだろうか。

Introduction

1　使用者責任の意義とその成立

1.1　使用者責任の意義と性格

(1)　使用者責任とは

　被用者がその事業を行う際に，第三者に損害を負わせた場合，その行為者を使用する者またはこれに代わる代理監督者が，この損害について損害賠償の義務を負う (715条) とするのが，使用者責任といわれる制度である。この使用者責任は，現在，不法行為の制度の中でもとりわけ大きな役割を果たしている。もともと自分に責任のある行為は，その行為者自身が責任を負うとするのが民法の基本原理（私的自治，自己責任，過失責任の諸原則）であるから，この場合のように，被用者の行為の結果に対して，別人格である使用者が責任を負うのは，特別の制度といえる。

(2) 使用者責任の趣旨

　企業（会社）は，その事業の過程でいろいろな事故を生じさせるとともに，反面，多くの被用者を使い，被用者の行動を介して企業活動の範囲を広げ，多大な利益をあげている。その場合に，事故を起こした直接の責任者でもある被用者にのみ責任を負わせるのは不公平であるとともに，引き起こした損害は，行為者個人の財力ではとても償い切れないほど大きいものになる可能性がある。また，ある意味でその拡大された事業活動から生じた損害であるのだから，直接企業組織に負わせてもよいのではないかともいえる。その根拠として，被害者の救済に配慮するため，715条を設けたのである。一種の「報償責任」，または，使用者は他人を介して自己の経済的な活動範囲を拡大することで社会に対して損害を与える危険性があるのだから，その危険性が具体化して他人に損害を負わせた場合，使用者に損害の塡補をさせるべきだという「危険責任」の考え方に求めることができる。

(3) 使用者責任の性格

　判例・学説は，使用者の責任は使用者自身の被用者についての選任・監督上の過失責任と考えてきた。しかし，その後の判例・学説がこの使用者責任を，企業組織の過失にその根拠があるのではなく，被用者という他人の不法行為責任を，代位させられるものであると考えるようになった。

1.2　使用者責任から組織責任へ

　このように使用者責任を，一種の代位責任として理解することは，被用者への求償権の行使を当然に認めることとなり，その当否について多くの疑問が出されるようになる。として，その求償権を制限する法理が種々考えられるようになった。こうした状況ならびに，今日の企業における第三者への不法行為の実体は，組織としての不法行為という側面が否定できなくなりつつある。こうした点を考えると，民法が予定していた「使用者責任」の機能を再考する時期にきていると思われる。そもそも，使用者責任は，民法の原則としての個人主義を基礎に置くものであるからである。今日，団体・組織なくしては何事も成り立ちいかないことも否定できない。そうしたことから，使用者責任は，その

法理を「組織責任」として構成することも考えてみる必要があろう。

2　使用者責任の成立要件とその効果

2.1　ある事業のために他人を使用すること

旧民法は他人を使用する者として，具体例に主人，親方，または工事，運送，営業人もしくは総ての委託者を列挙していたが（財産編373条），しかし，立案担当者は，こうした列挙がかえってその幅に疑義が生ずるおそれがあるとの理由から，広く規定したという。

2.2　「事業」ならびに「他人を使用する」の意味

そこで，ここにいう「事業」とはなにか，「他人を使用する」とはどういうことかが問題となる。

(1)　「事業」とは

事業とは今日では，仕事というくらいの広い意味を指すと解され，営利的か，家庭的か，事実的か法律的か，継続的か一時的かは問わないとされている（注民(19)277頁〔五十嵐〕）。

(2)　「他人を使用する」とは

「他人を使用する」とは一時的なものでもよく，被用者との間に雇用契約のあることは必要でない。事実上の使用関係があればよい。判例には，父親Aが看護婦Cを雇っていたが，同じ所で開業している息子Bが診療する時はいつもこのCを使っていた。ある時，BはCに対して，患者がきたらこの薬を渡すようにといったところ，Cは薬を間違えてその患者に石炭酸を渡したため，患者はそれを飲んで死亡した。死亡した患者の側では，医師Bを相手取って，715条にもとづく損害賠償の請求をしたが，Bは，自分が看護婦Cを雇ったのではないから使用者ではないと反論した。大審院は，雇用契約がなくてもCはBの言い分を聞かなければならない立場にあるから，使用者といってよいとして，使用者責任を認めた（大判昭2・6・15民集6巻403頁）。

2.3 被用者がその「事業の執行につき」損害を加えたこと

判例・学説ともに,「事業の執行につき」という意味を広く解釈し,行為の外形上(外部から判断して)事業行為と認められるものおよびこれと適当な牽連関係に立つものであればよいとしている。判例には,旅館の宿泊客が番頭に為替を現金にかえてくれるよう頼んだところ,番頭がその金銭を持ち逃げしたという事案で,本来番頭の仕事は,お客に頼まれて為替をとることまでは入っておらず,いわばサービスにすぎないが,広い意味では事業の執行と解して妨げずとして,旅館の責任を肯定したものがある(大判大12・7・10評論13巻民37頁)。

問題は,会社の自動車の運転手が人をひいたような場合である。会社の運転手が,自動車を会社の仕事のために使って人をひいたのであれば,「事業の執行につき」ということは明らかであるが,日曜日に会社へ行って自分の楽しみのために車を持ち出して運転中に人をひいたのであれば,事業の執行とは関係がないということになる。しかし,判例は外形説を極端に広げ,会社名義の車で自動車の運行という外形でもって人に損害を与えれば足りるとして,この場合にも事業の執行と認めている。そうだとすると,事業の執行という概念は,きわめて抽象的なものであり,むしろなくしてもいいような要件だと思われる。自動車損害賠償保障法が制定されたのも,この辺の事情に原因があると指摘する者もある。

2.4 被用者の加害行為自体が不法行為の一般的要件を備えていること

通説はこの要件を肯定する。民法は,「被用者カ……第三者ニ加ヘタル損害」と規定することから,被用者の行為が不法行為の要件を備えていることを意味すると解している。使用者の責任を強調するならば,むしろこの要件を否定する方が論理的である。しかし,民法は,使用者が賠償した場合,被用者に求償することができるとしていることもあいまって(715条2項),被用者の故意・過失を要すると解される。

判例をみると,満11歳1カ月の営業使用人が,印刷用インキを背負い,主用のために自転車に乗り往来を通行し衝突事故をおこしたという事案で,責任能力を具備していたとし,この者の不法行為を認め会社の使用者責任を認めたも

のがある（大判大 4・5・12 民録 21 輯 692 頁）。

2.5 使用者に免責事由がないということ

使用者は，被用者の選任・監督について相当の注意をしたことまたは相当の注意をしてもその損害を防止できなかったことの証明があれば責任を免れる。判例をみる限り，この免責を容易に認めていない。したがって，実質的にはいわゆる無過失責任に近い機能を果たすことになる。

3　使用者責任の効果

3.1　損害賠償

使用者は被用者と並んで賠償責任を負う。損害の意味，損害賠償の範囲については前に述べたとおりである。ただし，ここでの損害賠償の範囲につき，「事業の執行につき」の要件の解釈によって決すべきで，「被用者の行為の持つ損害発生の危険のうち，職務関連性と加害行為への近接性とによって画される危険から生じた損害から生じたものについてのみ使用者は賠償義務を負う」との見解もある（平井『債権各論Ⅱ』238 頁）。

この両者の債務の法的性質は，不真正連帯債務（全部義務）であると解されている。

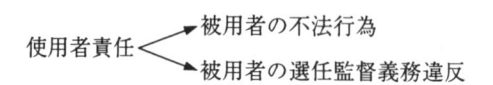

```
                    ┌─ 被用者の不法行為
       使用者責任 ──┤
                    └─ 被用者の選任監督義務違反
```

3.2　使用者の被用者への求償権

使用者が賠償した場合は，715 条 3 項によって被用者に求償することができる。しかし，全額を求償することができるとすると，被用者に気の毒な場合もあろう。元来，使用者が責任を負う根拠は，使用者が被用者の選任・監督について充分な注意義務を尽くさなかったところにある。いわば使用者にも非難の目が向けられているのである。そうだとすれば，使用者は被用者に対して賠償した全額の求償をすることはできないと解すべきであろう。

判例は，石油等の輸送および販売を業とする使用者が，業務上タンクローリーを運転中の被用者の惹起した自動車事故で，直接損害を被り，かつ，第三者に対する損害賠償義務を履行したことにもとづき損害を被った事案において，使用者が業務用車両を多数保有しながら対物賠償責任保険および車両保険に加入せず，また，右事故は被用者が特命により臨時的に乗務中生じたものであり，被用者の勤務成績は普通以上である等の事実関係のもとでは，使用者は，信義則上，右損害のうち4分の1を限度として，被用者に対し，賠償および求償を請求しうるにすぎないとしたものがある（最判昭51・7・8民集30巻7号689頁）。

　また，船舶所有者が船長に対してなした船舶の沈没事故で，船長は未熟で，仕事も船舶所有者に命じられたままに限られた水面を航行し，平素の勤務状態に格別問題なく，しかも，給料がかなり低額であること，船舶に生コン運搬に必要な荷止板の設備がなかったこと等を考慮し，損害の2割を超えて賠償および求償の請求をすることは許されない，としたものもある（最判昭60・2・12交通民集18巻1号1頁）。

　業務の執行に際して他人に損害を負わせた従業員は，その損害についてどのような立場に置かれるのであろうか。特に，代位責任を負うことになる使用者との関係はどうなるのかを，使用者責任の規定によって，被害を賠償した使用者と被用者との関係を中心に考えていく。

Issues

4 「事業の執行につき」の意味と外形標準説

4.1 「事業の執行につき」の意味

　使用者責任の成立要件として，被用者の加害行為が「其ノ事業ノ執行ニ付キ」されたものであることが要求される。民法起草者の説明では，「事業ノ執行ニ付キ」とは，「事業の執行のために」というよりは広く，「事業の執行に際し」というよりは狭い概念であるという（法典調査会議事速記録，穂積陳重博士の説明より）。ところで，「事業の執行につき」という概念は，諸外国においても，わが国とほぼ同様の見解をとっている（ドイツ：事業の執行につき，フランス：雇いたる業務において，英米：雇用の範囲）。

　わが国における判例は，当初，これを比較的狭く解し，被用者の不法行為が，使用者の委託した職務と不可分一体の行為から生じた場合にのみこの責任は生ずるものとした（不可分一体説）。たとえば，銀行の被用者がたまたま借主の依頼を受けて担保品の真偽を識別するのは事業の執行とはいえないから，その鑑定を誤った結果，借主が右担保物により第三者に貸付をして損害を被っても，銀行は責任を負わないとした（大判大8・11・5民録25輯1968頁，その他，同様の理由のものとして大判大9・6・25民録26輯929頁がある）。

　こうした考え方は，被用者が与えられた職務の枠内で行動し，それに付随して損害が生じたような場合のみを使用者に責任を負担させようとしたわけである。学説は，判例の立場を狭過ぎるとして，「事業の執行につき」ということの意味をより広く解して被害者を保護すべきであると主張した。

4.2 「事業の執行につき」の判断基準の変化

(1) 判例の変化

　学説の批判を受け，判例は「事業の執行につき」の範囲をしだいに広く解釈するようになっていった。大正10年前後になると，自己または他人の利益を図る意図による場合であっても「事業の執行につき」にあたるとする判例が出さ

れるようになった（大判大8・2・21民録26輯929頁）。庶務課長として株券発行事務を担当する者がその地位を濫用して自分が保管していた株券用紙と印を使用して株券を偽造，発行して証拠金代用として担保に入れたために，これを担保に取った者に損害を与えた事例について，会社は不正に株券を発行し他人に損害を及ぼす危険を予防する責めに任ずべきは当然であるから，右行為は事業の執行に関する行為たるを失わないとして，使用者責任を認めた（大判大15・10・13民集5巻785頁）。そして，その後最高裁になってからも同種の判断が次々と出されるにいたっている（最判昭32・7・16民集11巻7号1254頁，最判昭36・6・9民集15巻6号1546頁，最判昭40・11・30民集19巻8号2049頁，最判昭43・4・12民集22巻4号889頁）。なお最近の裁判例では，いわゆる上司のセクハラ発言につき使用者責任を認めたものがある（東京地判平8・12・25労働判例707号20頁）。

(2) 外形標準説とはどのような考え方か，また，その目的はなにか

　以上のような判例が採用した考え方を，一般に，「外形標準説」とよんでいる。加害の原因たる被用者の行為について外形から判断し，客観的に使用者の事業範囲であり被用者の担当職務範囲内のものとみられれば，その主観的事情を考慮せずに「事業の執行につき」に該当するとするものである。こうした判例の立場は，かつての不可分一体説と異なりその認定はかなり緩やかなものとなり，被害者救済に大いに役立った。しかし，判例のいう外形標準説は，なにも当該被用者の有する真実の職務範囲と全く無関係に外形的・客観的な判断をするわけではない。判例には，郵便局の電話主任が電話の売渡担保による金融を受けるため，電話加入名義変更承認書を偽造した事件について，判例は，電話名義変更申請書の受理権限を有する郵便局の電話主任がそのポストで名義変更承認書を偽造したのは「事業の執行につき」に該当するが，電話事務に関係のない逓送係に転務した後の行為については，「事業の執行につき」されたものとはいえないとしている（大判昭11・6・8民集15巻928頁）。

　ただし，外形標準説はなにも当該被用者の有する真実の職務範囲と全く無関係に外形的・客観的な判断をするわけではなく，被用者の本来の職務内容と損害発生の原因行為との間にどの程度の関連性があるかを問題とすることになる。

(3) **職務内容（事業）との関連性の有無**

(ア) **一般的基準についての考え方**　学説には以下の3つの考え方がある。①加害行為の有する不法の分子を除去して考えれば事業執行行為自体であると考えられるような行為（末川博『民法における特殊問題の研究第1巻』134頁以下），②ある事業に雇われたためにその職場の性質上通常行う危険のある行為（川島武宜・判民昭和11年度63事件評釈），③客観的に使用者の支配領域内にあるとみられる行為（加藤『不法行為〔増補版〕』183頁）などである。しかし，こうした基準は一般論としてはいえても，具体的な基準としては不十分である。

そこで，学説は，事業との関連性の有無を判断する基準として，事実行為型不法行為と取引行為型不法行為がその行為類型により異なることをみてこれを分類・整理しようとする。

(イ) **事実行為型不法行為の場合**　判例は，当初は，いわゆる外形標準説の展開を取引的不法行為について認めていた。その後，自動車事故等の事実的不法行為の分野にまで拡張している。たとえば，①通産省の大臣専用自動車運転手が，大臣秘書官としていつもその自動車に乗車し，辞表提出後ではあったがまだ官を失っていなかった者を乗車させて自動車を運転中，事故を起した場合（最判昭30・12・22民集9巻14号2047頁），②タクシー会社の自動車運転助手兼整備係として雇われ，会社からの注意にもかかわらず運転資格も持たないで，平素洗車給油等の目的で車庫から給油所まで短距離の間営業用自動車の運転をしていた者が，運転技術習得のため会社が黙認していない場所で同会社の営業用自動車を運転中，追突事故により他人に損害を与えた事故（最判昭34・4・23民集13巻4号532頁），③仕事上の必要に応じ随時会社の自動車を運転使用できたセールスマンが，終業後，遊びに行くために会社の車を無断運転した行為（最判昭37・11・8民集16巻11号2255頁），④自動車セールスマンが退社後の映画見物からの帰宅のためにした会社の車の無断運転した行為（最判昭39・2・4民集18巻2号252頁）などである（否定；最判昭52・9・22民集31巻5号767頁——自家用車を利用して通勤または工事現場に往復することを原則として禁止し，県外出張の場合にはできる限り汽車かバスを利用し，自動車を利用するときは直属課長の許可を得るよう指示）。

これらの事故における人身事故は自賠法3条によるが，物損事故については，使用者責任が問題となる。
　たしかに，自動車による業務が終われば，もはや「事業の執行につき」といえないとすることは問題である。やはり，事業とある程度の関連性があれば，これを認めてよいと思われる。

(ｳ)　取引行為型不法行為　　4.2(1)で述べた，株券発行事務を担当する者がその地位を濫用して自分が保管していた株券用紙と印を使用して株券を偽造，発行して証拠金代用として担保に入れたために，これを担保に取った者に損害を与えた事例がその典型である。
　この場合においては，使用者からみれば係員の権限外の行為であり，相手方からみれば，職務権限のある者が行った行為であることからその判断は難しい。前に述べたように，職務との不可分一体説からすると，使用者責任は認められないが，外形標準説でいけば，認められることになろう。
　ただし，この場合に，相手方が保護される要件として善意を必要とするかである。外形標準説の基礎には，外形上職務と信頼したことを前提としているといえるから，「善意」は必要となろう。では，無過失まで必要か。
　判例には，銀行の支店長が銀行内規に違反して手形の斡旋割引のため振出人から預かっていた手形を手形ブローカーにだまし取られ，手形振出人に損害を与えたため，振出人から銀行への使用者責任を求めた事案で，振出人と銀行との取引の経過，金融上の知識経験からして，支店長の職務権限を知っていたか，少なくとも重大な過失があるのではないかが問題となり，「被用者のなした取引行為が，その行為の外形からみて，使用者の事業の範囲内に属するものと認められる場合においても，その行為が被用者の職務権限内において適法に行なわれたものでなく，かつ，その行為の相手方が右の事情を知りながら，または，少なくとも重大な過失により右の事情を知らないで，当該取引をしたと認められるときは，その行為にもとづく損害は民法715条にいわゆる「被用者カ其事業ノ執行ニ付キ第三者ニ加ヘタル損害」とはいえず，したがってその取引の相手方である被害者は使用者に対してその損害の賠償を請求することができないものと解するのが相当」とした（最判昭42・11・2民集21巻9号2278頁）。

たしかに，外形標準説は，表見法理と共通の外観への信頼保護の法理といえるから，相手方に無過失要件を求めることは整合的である。しかし，それを求めることは，その救済のハードルを高くすることになり，使用者責任を認めたことの趣旨に反するといえよう。

(4) 外形標準説の適用範囲

以上のように，使用者責任における外形標準説は，いわゆる取引的不法行為に限らず，事実的不法行為についてまで拡張してきている。これらは，被害者救済という側面から使用者責任の法理を広く活用するとの考え方がその背景にある。

もっとも，取引的不法行為の場合について外形標準説を適用することは，被害者の信頼保護という要素を考慮するという点からの合理性がある。このような観点からすると外形標準説を事実的不法行為の範囲にまで広げることに合理性があるのかという点から事実的不法行為について同法理をあてはめることに批判がないわけではない。そこで，事実的不法行為とされる事例に関して外形標準説を適用して使用者の責任を認めるためには，当該加害行為防止の難易度，行為のされた場所的な関係，加害行為の態様，加害行為に用いられた道具の所有者，その他の諸事情を総合したうえで使用者責任の可否を考慮することになる。

5 被用者個人の責任

5.1 使用者責任における使用者と被用者

使用者責任規定の考える使用者の典型的なものは，ある程度組織だった企業といえる。使用者は被用者を自分の行動範囲を拡張するために利用して利益をあげている立場であり，被用者は保護を必要とする立場に弱者といえる労働者である。他方，被害者には十分な保護を与えるべきといえる。今日，使用者責任を考えるにあたっては被害者保護の充実とを基本とし，同時に弱い立場にある被用者の保護も考えられる必要があるといえる。使用者から被用者への求償制限のあらわれの一つである。また，715条1項但書の使用者に関する免責規定が使用者の被用者に対する選任・監督に過失のないことを要件としている。

そこで，通常の不法行為責任の場合，被害者がその立証責任を負うのが通例であるが，その立証責任を逆にしてその立証を使用者に負担させるということがはかられている。いわば，被用者の負担を軽くするわけである。さらに，免責規定の実際の適用に際し，使用者の免責をほとんど認めず，使用者責任を実質的には無過失責任としている。

5.2 被用者の故意・過失

使用者責任が認められるためには，被用者の行為自体が一般不法行為の成立要件，とくに故意・過失要件を具備している必要があるのかが問題である。

現在の通説は，使用者責任が認められる前提条件として，被用者の行為自体が単独で不法行為の成立要件を満たしていることが必要だと解している。その理由とするところは，いかに使用者の立場だとはいえ，被用者が事業の執行について引き起こした第三者の被害をほぼ無条件で代位責任としての肩代り責任を負担するというのでは，あまりに使用者に酷だというところにある。

たしかに民法の基本原則は，過失責任の原則である。行為者自身が過失などの一般不法行為責任を問われる要件を充たしている場合に，その行為者を使用する者，その責任を負担するとするものである。もしそうでないなら，手ばなしの被害者保護となり，あまりにも不合理だからという。また，民法715条3項に使用者の求償権行使を認める。これは当然に被用者の故意・過失を要することを前提とするものである。

以上の検討から，通説・判例は，被用者の行為が一般不法行為の要件を満たした場合にのみ使用者の責任を追及できるとすると考えている。

しかし，そうなると被害者は被用者の故意・過失を自ら立証すべき責任を負担させられることになる（715条2項但書の免責要件の立証責任を使用者に負わせたとしても，被害者に重い立証責任を負担させることになるから，この点で問題が出てくることになる）。実務上は，故意・過失必要説に立ちながら，実際には，比較的たやすく，故意・過失の有無（その他「責任能力」なども同様）を認定することで解決している事例もみうけられる（しかし，不法行為の成立要件を安易に認定することにより，使用者から被用者への求償を容易にさ

せるという面が出てくる)。このようにして，この問題については現在，いろいろな角度から検討が加えられている状況であって，必ずしも判例・通説の立場は安定したものとはいえない。

5.3 被用者の責任

ところで被用者自身の行為は，一般不法行為の要件を満たしているのであるから，独立して不法行為責任を負うことになるはずである。理想的には，一方で被用者の立場を考え，他方において被害者の保護を考え，被用者の行為については使用者のみが対外的に責任を負い，使用者と被用者との関係は内部的に清算するというのがよいと思われるが，論理的にみるとそうはいえない。もっとも，最近の学説では，被用者の行為が企業活動に埋没しているときは，被用者は被害者に直接責任を負わないが，そうでないときは直接責任を負うとする（前田『不法行為法』51頁）。すなわち，被用者が事業活動行為を利用して自己や使用者以外の第三者の利益をはかったようにみえる場合にのみ被用者個人も被害者に対して直接に責任を負うことになるという考えである。

5.4 被用者に対する使用者の求償の制限

(1) 使用者の負担の範囲

使用者責任が成立し，使用者が被用者の引き起こした損害について，被害者に賠償する場合，使用者がその賠償をすべて負担しなければならないのかということが問題になる。

民法715条3項は，実際に被害賠償をした使用者から違法行為をした被用者に対して求償することもでき得る旨を規定している。715条3項の考え方として，これは当然の規定であるという考え方があった。すなわち，行為者自身は，事業の執行として行ったものとはいえ，自ら不法行為の要件を満たす行為をしているのであるから，不法行為責任を負担するのは当然のことだというわけである。本来ならば被用者自身が直接被害者に損害の賠償をすることで解決すべきところであるが，被害者の確実な救済のために使用主をして被用者に代位して支払わせたのであるから，その最終的な始末は被用者がするのが当然であり，

使用者から被用者への求償権が行使されることになるというのである。

他方，使用者というのは被用者を自らの手足として使って自分の経済的活動範囲を広げ，多大の利益をあげている。そして，被用者は，会社の仕事だから被害を引き起こすような危険な行為に遭遇したのであり，個人としてであればそんな行為はしなかったであろうと考えられる場合も多い。したがって，その損害を最終的にすべて被用者の負担とするのは不合理だという考え方もあり得るというのである。

(2) **求償権の制限**

以上述べたような観点から，使用者からする被用者への求償権の行使を制限しようとする各種の主張が生じてきた。

(ア) **権利濫用の法理によるもの**　使用者の求償権行使を制限するための主張として，第1に，いわゆる権利濫用の法理によるものである（石田文治郎『債権各論講義』283頁）。この考え方は，「危険なる企業により多大な利益を収めている使用者が被用者に求償をなすことは，信義の原則に反し権利の苛酷なる行使として一般的に権利の濫用」とするものである。

この考え方も合理性がないわけではない。各事案のもつ個別性，具体性により，使用者からの求償権行使は権利の濫用として許容されないと判断されるのがもっともであるとみられる事例もある。しかし，この立場は求償権行使をもって一般的に権利の濫用となるという解釈は問題がある。その理由は，使用者の被用者への求償権行使が民法上認められているにもかかわらず（民715条3項），大変困難になるからである。また，この考え方の短所は，結局，求償権の行使を認めるか否かという二者択一を迫ることになるから，具体的事案により利益衡量することによって，損害を誰に，どのような割合で負担させるかという柔軟な解決をとることができない点である。判例は，使用者からの求償権行使が権利濫用となることもあり得ることを承認し，あるいは権利濫用の法理を適用して事案を解決したものもみられる。①交通事故に関するタクシー会社の被用運転者の責任が，いったん労使間の話合いで不問に付された場合には，会社の翻意がやむをえないものと思われる特段の事情が認められない以上，右事故に関する会社の求償権の行使は，信義則上許されず権利の濫用である（青

森地判昭44・11・20判時576号77頁，東京地判昭45・3・25下民集21巻3＝4号469頁，判時588号30頁)，②会社が自動車運転の全く初心者に，その担当職務でないのにかかわらず臨時に運転を命じその結果，損害が生じた時は，その損害を右従業員に求償することは許されない (東京地判昭46・9・7判時651号88頁)，③会社の従業員が，整備不良の会社の自動車を社用で運転中にスリップ事故を起し炎上させて死亡し，他方自動車も炎上した事故の発生が，被用者の過失と整備不良車を運転させた会社の過失とが5割対5割で寄与していたもので，会社と被用者が互いに5割の限度で請求権を肯定されるものと解される場合に，右被用者は給与が低廉であったうえに，社用で死亡している反面，会社は中小企業として堂々と営業による収益を上げ続けていることをいろいろ比較考量すると，会社が右被用者の遺族になした右事故により他車に与えた損害の賠償の求償請求，会社の自動車全損による賠償請求は権利の濫用として許されないというべきであるとした (東京地判昭48・3・15判時715号82頁)。

また，権利濫用の法理を前面に出すものではないものの，使用者からの被用者への全面的な求償権行使を信義則に反するものとして一部分に制約しようとする考え方も最高裁判所によって承認され (最判昭51・7・8民集30巻7号689頁，田上富信・判百(2)〈第3版〉174頁)，その後の判例にもこうした考えによるものが多い (名古屋地判昭59・2・24判時1118号195頁，福岡地判平4・2・26労働判例608号35頁，最判昭60・2・12裁判集民事144号99頁等)。

(イ) **過失相殺の法理によるもの**　権利濫用法理に対して使用者から被用者に対してする求償権行使を妥当な範囲に制約しようとする立場が主張されるにいたる。それは，過失相殺の法理によって損害負担の妥当な配分をはかろうとする見解といえる (我妻栄『事務管理・不当利得・不法行為』178頁)。つまり，業務の一環として行われた行為から生じた企業自身の責任ということを考えると，対外的関係においては被用者に負担を負わせることはもとより，対内的関係においても損害の負担のすべてを一律に被用者にのみ負わせることは事案によっては妥当性に欠けるといえるであろう。そこで，使用者の求償権行使に際し，たとえば賃金が低廉であること，労務が過重であること，企業施設が不十分であること，職場に規律のみだれのあること，保険加入の有無，指揮監督の方法

などの諸事情を考慮し、これらを使用者側の過失として過失相殺の法理をもって求償の範囲を制約するわけである。過失相殺の理論を用いることによって使用者からの求償権行使を制限した判例もある（松江地浜田支部判昭42・11・21下民集18巻11・12号1122頁、判時517号79頁、判タ216号181頁＝〔判評〕椿寿夫・判評116号22頁、田上富信・法時41巻12号138頁）。事案は、X会社の従業員Yがダンプカーで土砂を運搬中、前方不注視により駐車中の乗用車に衝突、大破させXが賠償し、後にYに求償したものである。裁判所の判断は「Xの経営する運送業は、自動車事故等が伴う企業であり、Xはその事業により収益をあげている事実に着眼すれば、Xの右請求権行使によりその事業上生じた不利益をことごとく被用者であるYの負担に帰せしめることは妥当を欠く。右のごとき企業者が被用者に求償権を行使するにあたっては、企業者の選任・監督に関する過失が存し、それが被用者の不法行為との間に相当因果関係がある場合に、過失相殺されるべきであるし、そうでなくても賃金低廉であるとか労務が過度である場合にこれらが加害行為と相当因果関係があるかぎり、過失相殺を類推して求償権を制限するのが妥当である」とするものであった。

　(ｳ)　**共同不法行為だとみるもの**　　(ｲ)の過失相殺説に対し、「過失相殺の理論も、被用者自身の責任を認める以上、被用者が被害者に直接賠償した場合に、逆に使用者への求償が認められるほど使用者の不法な行為が競合しているのでなければ、その場合との間に均衡を失する」から、むしろ「理論的には両者の行為が共同して不法行為になるかどうかという共同不法行為の問題となり、過失相殺よりも共同不法行為となった場合にどれだけの負担部分があり、相互の求償権がどれだけ認められるか、という形で問題を解決すべきである」（加藤『不法行為〔増補版〕』190頁）との考え方が出された。共同不法行為が成立するための要件が制限されているため、このように解することによって求償権行使が制約される場合の範囲は狭くならざるを得ない欠点があるといえるであろう。基本的には共同不法行為説（同時に国家賠償法の規定をも考慮する）に立った判例（京都地判昭38・11・30下民集14巻11号2389頁、判時364号40頁）もある。事案は、自動車運送業を営むX会社の整備工Yを、運転手不足から運転業務につかせ、Yが運転に自信がない旨を告げていたにもかかわらず、続けさせ、3度にわた

る事故を生じさせ，その都度Ｘが賠償しＹに求償したものである。判旨は，「本件各事故の発生は，原告会社代表者が被告を運転手として選任することが適当でないことを知りながら敢えてこれを運転手として勤務せしめたことにも起因するものというべく，被害者に対しては，原告会社と被告は，民法第709条，719条による共同不法行為者の関係にも立ち不真正連帯債務を負うものと解すべきところ，この観点から原被告の内部関係における責任の分担をみるに，前記の事実関係からすれば，被告の故意又は重過失に基づく損害の賠償については被告自らこれを負担し，被告の軽過失に基づく損害の賠償については原告会社においてこれを負担するものと解するのが正義公平に合するゆえんであって，民法第715条第3項の求償権もこの限度に制限せられるものと解するのが相当である」とした。すなわち，会社代表者が当該被用者を運転手として選任することが適当でないことを知りながらあえて，この者を運転手として勤務させたことにも事故が起因する場合には，会社と被用者の責任分担は，被用者の故意または重過失にもとづく損害賠償は，被用者が自らこれを負担し，被用者の軽過失にもとづく損害の賠償については会社においてこれを負担するものと解するのが正義公平にかなうと考えられ，求償権の範囲もこの限度に制限されると解するものである。

(エ)　**その他の求償権制限手段**　使用者と被用者の法的関係がいわゆる不真正連帯債務としたうえ，相互間での求償を認め，その前提としての各負担部分に関し，過失の割合，結果発生に対する当事者の加工度ないし原因力をも考慮して決定すべきだとしている立場がある（椿寿夫『財産法判例研究』358頁）。いずれにしても，学説・判例の傾向としては，被用者が事業の執行につき第三者に生ぜしめた損害の最終的な負担者を被用者としてしまうことは，被用者に酷であるという認識を前提として，合理的な説明のできる手段を工夫し，実務上もそのいきかたが採用されているのである。

5.5　従業員（被用者）と会社（使用者）の責任の分担

(1)　責任負担調整の目的

これまで，かなり詳細に，使用者から被用者への求償権の行使が何らかの形

で制限される場合についてみてきたが，そこで展開される学説・判例の考え方の根底にあるのは，被用者と使用者のどちらに，あるいはどの程度の割合でそれぞれに損害の負担を負わせるのが合理的かという利益衡量にある。結局，従業員と企業の責任分担の調整方法が具体的な形で説かれているということになる。そこでは，基本的には使用者の被用者に対する求償の制限が問題とされ，被用者から使用者に対してする求償については多少の配慮があったにすぎなかった。そうすると，被用者自身に対する被害者からの直接請求がまず認められると，求償権行使の方法を通じて損害負担の再配分をはかることが困難になる。したがって，すでに述べたように，外部的には使用者が損害を負担し，被用者は内部的関係においてのみ責任を負うといった構成が理想となる。

そこで，(イ)，(ウ)の学説は，そのような構成になる得る方向へ向けて考えている。もっとも，基本的態度としては，被害者保護を極端に後退させてまで被用者と使用者の責任負担の関係を調整しようとするものではない。むしろ，使用者の責任の要件を緩和し，あるいはその反面として，被害者に対する関係で被用者の責任のみを緩和させるなどによって，結果的に使用者と被用者の間での損害の負担のあり方を調整しようとするものである。

(2) 責任負担の調整に関する考え方

従来，715条の解釈・適用によって処理されるべきとされていた事案に関して，むしろ717条の工作物責任の規定を類推適用することによって，被用者に関する過失の要件を緩和することとさせて，被害者から直接，被用者に対して損害賠償請求がなされることを避けることを基本とし，被用者の対外的責任を軽減させようとする考え方がある。

もちろんこの場合，被用者と使用者との間では求償権に関する制限の方法をもって調整をはかろうとするわけである。もう一つの主張としては，従来，715条によって処理されていた事案について，使用者が企業としての組織的統一性を有するものであって，被用者の行為が組織そのものの行動としてこれを評価できる場合についての見解である。

つまり，被用者の行動が企業組織そのもののなかに埋没しており，被用者の行為として評価するよりも，企業そのものの行為として評価する方がよいよう

な場合について，被用者の過失要件を緩和し，あるいは緩和しないまでも企業自体について直接709条の責任を問い，被害者の請求を企業自体に向けさせるというものである。そして，その限りで被用者が被害者から直接賠償を要求されることを少なからしめようとする立場（企業に709条が成立するのみで，被用者は被害者に直接賠償責任を負わないとする立場が有力）である。

いずれにしても，被害者の保護をはかり，同時に被用者と使用者の間での損害負担の合理性を期そうというのは法技術的にも困難な側面があるが，基本的には求償権制限の方法を通じて公平をはかろうとするものであり，さもなくば，全く新しい考え方の出現が期待される。

5.6 被用者の不真正連帯債務と連帯債務

被用者の個人責任が認められる場合に，その被用者の責任と使用者の責任との関係はどのようなものであろうか。学説は，これを不真正連帯債務と解する立場（最判昭46・9・30判時646号47頁）と連帯債務と解する立場とがある。

連帯債務と考えると，一方の債務について生じた事由が他方の債務に影響を及ぼすという絶対的効力の規定（434条～439条）の適用があり，債務の消滅に関するものであるために，債権者の権利が弱められることになる。そうしたことから，①実際上，不真正連帯債務と解する方が被害者保護に厚くなり，合理的であること，②使用者責任における使用者と被用者の債務には，連帯債務のような債務者相互のに主観的共同関係がないことから，不真正連帯債務と解される。

以上のことがらを図示すると以下のようになると考える。

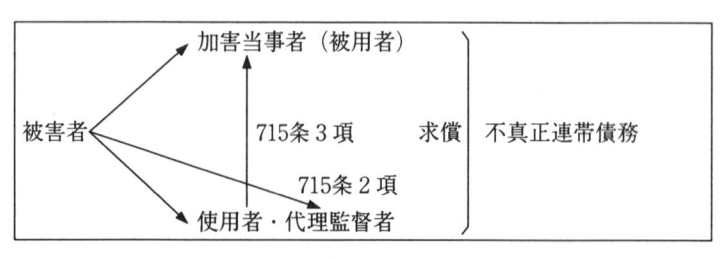

```
                加害当事者（被用者）
              ↗      ↑
      被害者         715条3項      求償    不真正連帯債務
              ↘      ↓      715条2項
                使用者・代理監督者
```

Expand

6　自動車損害賠償保障法の意義と趣旨

　自動車損害賠償保障法は，自動車事故の激増につれて被害者の救済が問題となり，ドイツの類似の法律を参考にして立法化されたものである。

　そもそも自賠法制定の趣旨は，自動車事故の被害者側に対し損害賠償請求権の確保を容易にするため，加害自動車の運行によって利益を収め，かつ，加害自動車の運行を支配指揮している者は，資力もあり，自動車の運行をはかって社会的に危険を発生させているとし，そうした立場の者に賠償責任を負わせるのが実質的な公平の原則にそうのではないかということである。

　この法律の3つの骨子は，①運行供用者責任の強化である。自動車を自己のために運行の用に供する者は，その運行によって他人の生命・身体を害したときは，自己および運転者が，自動車の運行に関して注意を怠らなかったこと，被害者または運転手以外の第三者に故意または過失があったことならびに自動車の構造上の欠陥または機能の障害がなかったことを証明しない限り，賠償の責任を負うものとされている。一般の不法行為責任に比べると，挙証責任が逆になっている。また，使用者責任に比べると，「業務の執行につき」という要件が除かれている。したがって，実質的には無過失責任といってもよいであろう。ただ，注意すべきは，この法律は人身事故に限っているということである。②保有者の強制責任保険制度の創設である。責任保険の導入によって，被害者の救済が大幅に進められることになった。③政府の保障事業制度の創設である。例えば自動車にひかれて重傷を負ったり死亡した者がいる場合に，轢き逃げされて加害者が不明な場合には，政府が代わって保障するというものである。

7　自賠法第2条にいう「運行」と「保有者」

　「運行」とは「人又は物を運送するとしないとにかかわらず，自動車を当該装置の用い方に従い用いること」であり，「保有者」とは「自動車の所有者その他自動車を使用する権利を有する者で，自己のために自動車を運行の用に供

する者」をいうと定められた。保有者の要件は，第2条でいう「運行」にあてはまる状態で自己のために自動車を用に供していることにあり，「保有者」ということばより，むしろ「自己のために自動車を運行の用に供する者」，つまり「運行供用者」ということばが使われるようになった。

(1) 運行供用者責任

自賠法2条の定義を前提にして，自賠法第3条は「運行供用者」の責任について定めた。

すなわち，運行供用者は「その運行によつて他人の生命又は身体を害したときは，これによつて生じた損害を賠償する責に任ずる。ただし，自己及び運転者が自動車の運行に関し注意を怠らなかつたこと，被害者又は運転者以外の第三者に故意又は過失があつたこと並びに自動車に構造上の欠陥又は機能の障害がなかつたことを証明したときは，この限りでない」とする。

(2) 運行供用者責任の成立要件

被害者が自動車事故による損害賠償の請求をするには，次の二つの要件を充足する必要がある。

① 加害者でなく「運行供用者」に対し請求すればよいこと。
② 請求の要件は，運行供用者（保有者）の保有する車両を加害車とする事故が発生し，死傷の被害を受けたこと，および発生した損害の額を証明することである。

(3) 運行供用者責任の免責の要件

「運行供用者」が賠償責任を免れるためには，次の要件を立証しなければならない。

①加害者つまり運転者に故意，過失のなかったこと，②他方で被害者または運転者以外の第三者に事故発生につき故意または過失があったこと，③加害車両たる自動車に構造上の欠陥または機能の障害がなかったこと，である。

なお，こうした免責要件は自家用車では運転者自身，運転者が被用者なら企業などの使用者側が立証することになるか，その証明は困難であるから，被害者の立場はいちじるしく有利となる。

(4) 運行支配，運行利益の帰属の意義

　自賠法2条が，運行供用者を「保有者」と呼び，「自動車の所有者その他自動車を使用する権利を有する者で，自己のために自動車を運行の用に供する者」だとしていることは前に述べた。しかし，この定義ではだれが運行供用者にあたるのか判然とはしない。

　この点は，自賠法の趣旨から考える必要がある。判例は運行供用者について，「自動車の使用についての支配権を有し，かつその使用により享受する利益が自己に帰属する者」と定義している（最判昭43・9・24判時539号40頁）。ここに示されている要件の意味は，次のようである。すなわち，運行供用者であるか否かは，「運行支配性」と「利益帰属性」の有無が要件となる。ただし，自賠法は，自動車による社会的危険を発生させる者に賠償責任を帰せしめようとしているが，運行を支配・管理する立場にある者こそ社会的危険の原因を作り出す立場にあるといえるから，第一義的に考慮すべきは「運行支配性」の有無にある。そして，補助的には運行利益の帰属を問題にする。

　では，どの程度の運行支配があればよいのだろうか。判例・学説ともに直接的現実的な支配管理までは必要としないといい，「運行を指示，制御すべき立場」にあればよいとする。

　具体的には，外形的要素を有力な手がかりと見つつ，実質的かつ客観的に運行支配があったか否かにより判断されることになる。たとえば，名義を貸した（自動車について実質的な所有者でないのに，他人のために自動車登録原簿や自動車検査証の上で所有名義人となったり，他人の自動車の車体に自社の社名の表示を許し，自社の信用の利用を認めて便宜をはかること）からといって，名義を借りた者の起こした事故について，当然に責任を負わなければならないわけではない。

　裁判例は，たとえば借りた者が貸した者の事業に専従的に従事していたとか，自動車購入代金，ガソリン代，修理費などを支払った上，支払った金額を借りた者の運賃から差し引いていたとか，車体に貸した者の商号が表示されていたことなど，名義借用者が，名義貸与者の事業活動に何らかの従属的関係にあること，間接的形態にせよ名義貸与者が自動車運行の指揮に関係する事実経過が

あることを必要と認めている（最判昭44・9・18判タ240号145頁）。

また，第三者の無断運転，泥棒運転の場合では，判例は，第三者が通常は容易に立ち入れない場所に保管していた車が盗まれた事案につき，泥棒は盗み出した上に運行による運賃利益を得ていたし，盗まれた後，車両の運行を「指示制御する立場」になく，かつ運行利益も業表に帰属していないとして，運行供用者にあたらないとしたものがある（最判昭48・12・20民集27巻11号1611頁，判時737号40頁）。他方，無断運転を容認するようなことをした場合（エンジンキーを車に付けっぱなしにして，施錠もせず，釣りをしていた）には，盗難後も運行支配があるとしたものもある（大阪地判昭46・7・15判時650号88頁）。

インフォームド・コンセント（informed consent）
　近時，納得診療と訳されている。患者が自分の病状，医療行為の目的，方法，危険性，代替治療法等について，医師の正しい説明を受け理解した上で，患者自身が自己決定（選択・同意・拒否）できるという原則。倫理上の問題か，医師と患者の権利義務の関係であるかについては議論があるが，両者を含むと考えるべきである。なお，この原則は患者の人格権から派生し，これに反する医療行為は不法行為または債務不履行になる。

◆損害賠償法用語ミニ辞典◆

第6講　設備の欠陥と損害賠償

Case 7　Aの子（3歳）は，S鉄道会社の遮断機のない踏切を1人で横断しようとして，S鉄道の電車に接触して，死亡した。AはS鉄道に対して損害賠償を求めることができるか。

Introduction

1　工作物の占有者または所有者の責任（717条）の意義・法的性質・成立要件

1.1　土地工作物責任の意義とその法的性質

　土地の工作物から発生した損害について，その損害が「土地ノ工作物」の設置保存の瑕疵から生じた場合，まず，占有者が責任を負い（717条1項本文），占有者が損害防止に必要な注意をしたときは，所有者が責任を負うと規定する（同条但書）。

　土地の工作物の占有者の責任は過失責任であるが，所有者の責任は無過失責任である。現代社会は，さまざまな危険な者，危険な活動により成り立っている部分も多い。そのような危険から被害者を救済するためには，709条責任では不十分である。そこで，この工作物を広く解することによって，無過失責任を要望する分野でその機能を果たすことができるようにされている。

1.2　土地工作物責任の成立要件

(1)　土地の工作物による損害であること

　土地の工作物とは，建物・橋・鉄道・電柱，石垣，ガスタンク，プール，道路，トンネル，堤防等のように，土地と直接に関係のある人工的工作物のこと

である（大判昭3・6・7民集7巻443頁）。判例学説は，危険物からの損害による被害者救済のため，その範囲を拡大する傾向にある。

(2) **工作物の設置または保存に瑕疵があること**

ここでいう瑕疵とは，設置・保存に不充分な点があることである。すなわち，工作物がその種類に応じて通常備えるべき安全な性状または設備を欠いていることである（最近では，むしろ占有者，所有者の義務違反と捉える考え方も有力である）。なお，設置または保存の瑕疵が故意・過失によって生じたことは必要でない。たとえば，鉄道が道路と交錯する所に踏切の設置をしないのは，鉄道の設置に瑕疵があるといえる。

(3) **損害が土地工作物の瑕疵によって生じたものであること（因果関係）**

その損害が土地工作物の瑕疵によって生じたものであることである。工作物の瑕疵と損害との間に因果関係があれば足りる。大雨とか地震などの自然力の作用や第三者の行為が加わって損害が生じた場合でも，工作物に瑕疵がある限り責任を免れることはできない。

(4) **免責される場合**

工作物の占有者は損害発生の防止に相当な注意をしたことを証明すれば責任を免れることができるが，所有者には免責事由がないこと（免責事由）である。

1.3 賠償義務者

では，賠償義務者はだれだろうか。第一次の賠償義務者は，土地工作物の占有者であり（717条1項本文），占有者が損害防止に必要な注意をしたときは，第二次的に所有者が責任を負う（同条但書）。占有者とは，工作物を事実上支配し，その瑕疵を修補でき，その損害の発生を防止できる関係にある者である。問題は，いわゆる間接占有者といえる，賃貸人・寄託者はどうかである。判例には，事案の特殊性からか，これを認めたものもあるが（最判昭31・12・18民集10巻12号1559頁），一般的には，間接占有者の責任は否定的である。もし認めるとしても，その責任は二次的なものといえよう。

以上の占有者が免責される場合は，第二次的賠償義務者は所有者である。この責任者には免責事由がなく無過失の責任である。たとえ，その瑕疵が前所有

者の所有時に生じていてもである。

　なお，その他の原因者への求償として，たとえば，工事の施工にミスがあったため損害を生じ占有者や所有者が責任を負担した場合，その施工業者に求償できる（717条3項）。

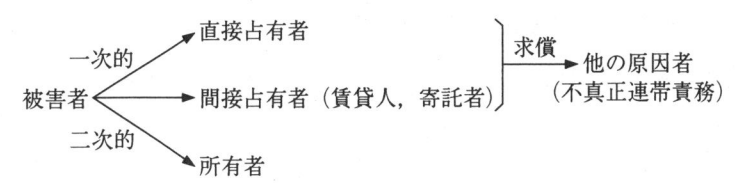

```
                  一次的
                    ┌─→ 直接占有者 ─┐
                    │                │   求償
　　　　　被害者 ───┤                ├──────→ 他の原因者
                    │─→ 間接占有者（賃貸人，寄託者）    （不真正連帯責務）
                    │
                  二次的
                    └─→ 所有者
```

損　害

　損害とは，人が法益について被った総ての不利益をいう。債務不履行による損害は，債務不履行によって生じた不利益をいい，不法行為では，不法行為により生じた不利益となる。通説は，以上の行為のない場合に仮定される財産状態と，行為があったことで現実にある財産状態の差だという。それには，既存財産の減少（積極的損害），得べかりし利益の喪失（消極的損害）もこれに含まれる。さらに，後者には，精神的損害も含まれる。

◆損害賠償法用語ミニ辞典◆

Issues

2　土地の工作物の基準

2.1　土地の工作物の具体的範囲

　判例上，土地の工作物とされたもののうち，主なものをあげると以下のようである。

　①道路に関し，道路，通路，トンネル，橋，②鉄道につき，踏切，鉄道軌道，プラットホーム，鉄道高架等，③水道，灌漑施設に関するものとして，上下水道，排水溝・管，農業用水池，④土地，家屋の囲障に関し，石垣，へい，擁壁，⑤電力施設，ガス施設に関しては，電柱，電線，高圧線・電柱周囲の棚，電話線，ガス管，ガス風呂，プロパン容器，が工作物とされている。さらに，身近なものとして，⑥運動施設について，プール，ゴルフ場，サッカー場，自動車レース場とその金網・へいなどが問題となった。また，⑦建物に関しては，扉，エレベーター，エスカレーター，階段，窓，換気設備，ボイラー設備，屋根，天井は，工作物とされている。

2.2　判例で特に問題となった土地工作物の基準

　民法717条は「土地の工作物の設置・保存の瑕疵」と規定している。当初の判例は，土地との接着性と静的施設という基準にそって忠実に解釈していた。しかし近時の企業活動の発展は当然，諸施設にも大規模化，機械化をもたらし，その危険性も飛躍的に増大したばかりでなく，静的危険から動的危険（機械の運転，高速交通機関の運行，電力・ガス・原子力等のエネルギー機関の作動等）に移ってきている。判例も717条の根拠をなす危険法理に従い，しだいにその概念を拡大してきたが，基本的にはその基準を土地との接着性と静的施設に求めている。

　判例おいて，具体的に問題となったものを整理してみる。

　建物に付属した工作物は，非可動的なもの（よろい戸；東京高判昭29・9・30下民集5巻9号1646頁，階段等）のみならず，可動的なもの（エレベーター；東

第 6 講　設備の欠陥と損害賠償　113

京地判昭30・5・6下民集6巻5号889頁）も工作物としている。しかし，機械類については「土地ノ工作物トハ土地ニ接著シテ築造セル設備ヲ指称シ，機械ノ如キ工場ニ据付ケラレタモノハ之ヲ包含セス」としたものがある（大判大元・12・6民録18輯1022頁）。その後，炭鉱の坑口附近に設置された巻上機の一部をなし，炭車を坑口に巻き上げるために使用されるワイヤロープを工作物とした（最判昭37・4・26民事判例集16巻4号975頁）。このことは，最高裁は土地への接着性の有無を重要な基準としているともいえる。

また，大型プロパンガス容器は，本条の土地の工作物と解することに疑問なくはないが，危険性の程度やその機能は土地に定着している工作物に劣るものではないから，危険責任を根本義とする本条の法意と現代の危険に対する立法活動の傾向を考慮して，その容器の設置保存に瑕疵あることによって損害が発生した場合にも本条を適用すべきであるとするものがある（長野地松本支判昭40・11・11判時427号11頁）。この点，学説も土地への直接の近接性にのみを基準とする見解には批判的である。

次に，鉄道施設については従来から問題となっている。線路，鉄橋，プラットホーム等の軌道施設そのものが工作物に該当することは疑いない。最高裁は，無人踏切で発生した事故で，保安設備と踏切道の軌道施設を一体化して土地工作物として捉え，保安設備の欠如を土地工作物の設置の瑕疵としている（最判昭46・4・23民集23巻3号351頁）。こうした判断から，保安設備に瑕疵があれば軌道施設そのものに瑕疵があることになる。瑕疵の有無に係る保安設備は，警報機・警標・遮断機・警士の有無，保護棚・踏切の位置・形状等である。制限的ながらこのような企業施設の一体的把握は，学説も支持している。

2.3　裁判例のまとめと展望

以上の判例の見解の趣旨からすると，最高裁（最判昭37・4・26民集16巻4号975頁）は土地への接着性の有無を重要な基準とするが，他方，企業施設を一体としてとらえ，その工作物性を肯定しているとも考えられる。下級審裁判例は，「工場内設置の機械は工場建物及び他の諸施設と一体となって一定の生産活動の用に供されるものであるからその企業設備は全体として土地の工作物に該当

する」とする（奈良地葛城支判昭43・3・29判時539号58頁、札幌地判昭48・1・31下民集24巻1＝4号64頁）。

　こうした裁判例の状況と、今日の企業活動に伴う危険性の多様化から、企業の物的設備への拡大についておおむね肯定的といえる。しかし、これを拡大して、企業の人的設備、物的設備を一体としてとらえ、企業活動に従事する従業員に起因する損害についても、企業の人的設備の欠陥としてとらえようとするものもある。しかし、土地工作物の文言からして、ここまでの拡大解釈には疑問である。これは、やはり、個人責任的にこの問題をとらえることから、いわゆる「組織過誤」として再構成する必要のある問題といえよう。

> **受忍限度論**
> 　大気汚染等を代表とするニューサンスを念頭に、その違法性の判断について、被侵害利益の性質・程度、被害者の知識の有無、土地利用の先後関係、最善または相当な防止措置の具備、その他社会的価値・必要性の有無、法令の遵守等を考慮すべきとの立場。その後この理論は、過失判断の事由としてとらえる新受忍限度論へと展開した。種々の批判はあるが、私権の公益性（社会との調和）の観点から再構成の道が考えられよう。

◆損害賠償法用語ミニ辞典◆

Expand

3 瑕疵の有無の基準

3.1 「瑕疵」の有無の判断

　工作物が通常，具えているべき安全性を欠いている場合には，瑕疵があるものということができ，この瑕疵の有無について有責者の故意・過失は関係がない。瑕疵の有無の判断は具体的に考察して決するほかないが，判例は損害発生の防止に足る設備ないし安全のための防止義務を尽しているか否かで決していると考えられる。この防止義務がどの程度のものであるかも工作物の種類・内容，被害時の状況，被害実態等との関係において具体的に決することになるが，近頃ではかなり高度の結果回避義務から判断されているといえる。

3.2 工作物責任と失火責任

　高圧線の電線が切れて家屋に垂れ下り，その家屋が火事によって焼失した（大判昭7・4・11民集11巻609頁）。この事案を717条の工作物責任からみると，瑕疵があるから電線が切れたのだということになり，この規定は無過失責任であるから，電力会社は損害賠償の責任を負うことになる。ところが，一方において，火事で焼失したという点をとらえて，「失火ノ責任ニ関スル法律」の方からみると，電力会社に重過失がなければ損害賠償の責任は負わなくてよいことになる。一体，どちらの法律ないし条文で処理するのが正しいのであろうか。

　まず，①「失火ノ責任ニ関スル法律」（失火責任法）が特別法であることから，同法で処理すべきであるという見解（失火責任法優先説）がある。他方，②失火責任法は，日常生活における普通の火災に関するもので，工作物の設置・保存の瑕疵による火災については民法717条が優先適用されるとする見解がある（717条優先適用説）。③工作物から直接生じた火災は717条を適用し，延焼部分については失火責任法を適用すべきとする説（直接・延焼区分説＝有力説）がある。

　しかし，「失火ノ責任ニ関スル法律」も717条も，709条という一般の不法行

為からみれば，いずれも特別な地位を占めるものであって，この両者は同じ列に並んでいるといえよう。そうだとすると，どの条文を適用するかは，専ら政策的な考慮にもとづくものと解せざるをえない。電力会社は大企業であり資力もあるのだから，この場合は717条を適用して，電力会社に無過失責任を認めるのが妥当である。

過失なければ非行なし

　イエーリングの言葉である。近代の不法行為法は，原因をもたらした者が責任を負うという考え方（結果責任）から自己に過失なきかぎり責任を負うことはないという，過失責任に移行していった。これは，個人の活動の自由の保障と，社会生活の相互の調和を目指すものであった。しかし，この考え方の妥当する社会は平穏な社会における個人間の日常生活関係にすぎない。そこで，今日，はたしてこの考えが妥当かが問題となっている。

◆損害賠償法用語ミニ辞典◆

第7講 共同不法行為（719条）

Case 8 Aらは，Y市にすんでいる住民である。Bら6社の工場は，石油精製，石油化学製品，化学肥料，酸化チタン等の製造，火力発電などの企業活動をしている。Aらは，Bらの工場から排出された化学物質によりぜんそくになった。Bらの工場は損害賠償責任を負うか。

Introduction

1　共同不法行為の意義

　共同不法行為とは，数人が共同の不法行為によって，それぞれが損害を加えたような場合には，各自が連帯して賠償責任を負うという。

　典型的な共同不法行為とは，たとえば，A・B・Cの3人がDを殴った場合に，AはDの頭を，BはDの腕を，CはDの足をというように，それぞれ分担を決めて殴ったとき，A・B・Cの3人にそれぞれ不法行為の要件が成立している場合である。しかし，民法は，この概念を広げ，A・B・Cの3人がDに殴りかかって頭に大怪我をさせたが，誰の行為によって生じたのかわからないという場合をも共同不法行為とした。さらに，AがDを殴り，Bがそれをそそのかし（教唆という），Cが見張りに立った（幇助という）ような場合にも，A・B・Cは共同不法行為の責任を負うものとしている。ここでいう共同というのは，A・B・Cの3人が共謀してという意味ではない。もちろんその場合は典型的な共同不法行為であるが，それよりは広い意味に使われている。いわゆる客観的共同であれば足りるのである。

　たとえば，Aという工場が川の上流で，それに触れると炎症を起こす毒性のものを排水し，Bという工場が下流で同様のものを排水し，AはBの存在を知

らず，BはAの存在を知らなかったが，Aの排水とBの排水が一緒になって猛烈な毒性を発揮し，ある人に大きな損害を与えたというような場合が客観的共同である。いわば，主観的にA・Bが結ばれる必要はなく，客観的にAの行為とBの行為とが共同性を有していれば足りるのである。わが国の判例は，このような広い考え方に立っている（最判昭43・4・23民集22巻4号964頁）ので，共同不法行為の占める役割は大きなものがある。

ところで，共同不法行為を類型的にみると，共謀型，連鎖型，過失競合型，合成型に分類するものがある（本田純一『債権各論』200頁以下参照）。

(1) 共謀型とは，たとえばAとBが相談のうえ2人でCに対して石を落としたことによってCが負傷した場合。

(2) 連鎖型とは，CがAの運転の自動車により事故にあい，病院での治療の際，医師のミスによって死亡した場合など，

(3) 過失競合型とは，スピード違反の運転のA運転の自動車と，脇見運転をしていたB運転の自動車とが衝突し，その際，歩道を歩いていた歩行者Cをはねてしまった場合。

(4) 合成型は，コンビナート地帯の一角を形成し，煤煙の排出基準を守っていたA・B・D3社の各工場3社の排出量を合わせると，ぜんそくになる程度に達する煤煙のため，近隣住民らがぜんそくに罹ったという場合をいうとする。特に次に述べる，公害との関係においては，(4)の合成型が問題となる。

2　公害と共同不法行為

共同不法行為に関して，公害制度について述べておく。近代的な企業活動においては，煤煙・臭気・振動・騒音・排水等を原因として，多数の市民がその生活または生活環境を害され，健康被害・財産的損害を受けることが多くなってきている。そればかりでなく，最近では日照・電波妨害・風害等もわれわれの生活に大きな影響を与えている。

これらの公害については，①加害者の特定が難しいこと，②因果関係の立証が困難であること，③被害者の範囲が広範囲にわたること，の3つの問題点をどのようにクリアーして被害者を救済するかが重要である。過失の証明すなわ

ち，予見可能性，違法性の認定等をできるだけ緩やかに解し，被害者に有利なように解釈し，因果関係の証明においても同様である。判例はこの証明について「蓋然性」という概念をかなり使用している。

なお，この被害者救済については，公害健康被害補償法がある。これは，企業から附加金をとり，さらに国，都道府県等が補助をして，一定の疾病について補償するものである。

3　719条の存在意義

民法719条1項，数人が「共同ノ不法行為」によって他人に損害を加えた者は，「各自連帯ニテ其賠償ノ責ニ任ス」と規定し（前段），「共同行為者中ノ敦レカ其損害ヲ加ヘタルカヲ知ルコト能ハサルトキ」も同様であることを定めている。

この「共同ノ不法行為」および「共同行為」について，民法上特別の定義があるわけではない。では，どのような場合を共同不法行為というのであろうか。また，共同不法行為の効果が，共同不法行為者が各自損害全額について責任を負うとされる根拠はどこにあるのであろうか。

一般に，共同不法行為とは，およそ複数の者が違法な結果発生に関与する場合を広く指すものとしてきた（客観的関連共同性説）。それは，結果発生に複数の者が関与する事例が広く共同不法行為にとり込まれた結果，709条その他の不法行為の一般規定で全額責任を認めうるような事例についても共同不法行為であるとして719条が適用された。他方で，共同不法行為の成立が広く認められて，複数加害者の全ての者に全額賠償責任を課することが酷な場合も生ずるにいたり，719条を適用しながら，場合によっては一部責任（一部連帯）を認める解釈も生まれた。

これに対して，最近の見解は，719条を適用してはじめて全額責任が課せられる場合にのみ，共同不法行為を論ずれば足りるとして，従来共同不法行為とされてきたさまざまな行為類型のうちのあるものについてのみ，719条を適用すべきだとする傾向にある。719条に，独自の存在理由を認めようとする見解である。

それでは，どのような行為類型が共同不法行為として把握されるべきなのか。いわゆる主観的関連共同性説という考え方は，共同不法行為の成立を共同行為者間に主観的な関連共同のある場合に限って認め，他方で，そのような場合には，各行為者が709条などによっては全額責任を認められないときでも全額賠償責任を認めようとするものである。さらに，客観的関連共同性という考え方を維持しながらも，これまでのように広く客観的関連共同性を認めるのではなく，社会観念上ある程度の一体性ある共同行為類型についてのみ関連共同性を認めようとする説もある。

　このように，関連共同性を限定的にみて，共同行為者各自に全額責任を負わせるという，719条に独自の機能があるとする考え方によると，719条は，法的には，各共同行為者と結果発生との間の因果関係の「みなし」規定ということになる。すなわち，各共同行為者の行為と結果との間に事実的な因果関係が認められない場合であっても，複数行為者間に，たとえば主観的共同がある場合には，共同行為全体と結果発生との間に因果関係が認められる限り，各共同行為の行為と結果との間に因果関係を「みなし」，全額責任を負わせるのである。なお，1項前段の「共同ノ不法行為」の成立に絞りをかける考え方では，同項後段の「共同行為」の成立を前段と区別して，より広く認め，これに因果関係の推定機能を持たせている。

Issues

4 「共同ノ不法行為」の成立要件

　共同不法行為が成立するためには，各人の行為がそれぞれ不法行為の要件を備えていること，および行為者の間に関連共同性があることが必要であるとされている。

4.1 各人の行為がそれぞれ不法行為の要件を備えていること

　責任能力のない者，故意および過失のない者，違法性阻却事由のある者などは，不法行為者とはならないから，共同不法行為者ともならない。しかし，各人の不法行為の態様は，各共同者について同一であることを必要としない。たとえば，ある者は故意で，他の者は過失でその行為を行った場合でも，共同不法行為は成立する。

4.2 行為に関連共同性のあること

　共同不法行為が成立するには行為の関連共同性の存在が必要である。この点に共同不法行為の特質がある。では，どのような場合に関連共同性ありといえるのか。

　判例および従来の通説は，この共同関係は，Aの不法行為とBの不法行為とが客観的に関連共同しているだけでよく，共同者相互間に共謀もしくは共同の認識があることを必要とせず，客観的な関連共同性があれば足りるとする（客観的関連共同説）。行為者間に何ら意思の共同などを要せず，事実上行為が関連していればよいという。判例には，A倉庫会社が過失で受寄物と異なる記載をした倉庫証券を発行し，Bがこれを使用してCから金を詐取した場合には，AB間にこの共同関係が認められるという（大判大2・4・26民録19輯281頁）。

　また，行為の客観的関連共同とは積極的にどのような関連性があることを要求しているのか。場所的，時間的，機能的など，さまざまな側面から客観的関連共同性をとらえるが，きわめて広い概念である。判例・学説が客観的関連

共同性という，限定的機能をあまり持たない概念で共同不法行為をとらえたため，共同不法行為はさまざまな類型の行為をとり込むことになった。他方で，共同不法行為の効果は，共同不法行為者各人に損害全額の賠償義務を負わせることであるから，場合によっては共同行為者に著しく酷な結果となる。そこで，学説のなかには，一方で共同不法行為の成立を広く認めながら，他方で違法性の著しく低い共同不法行為者の責任を減縮するという解釈が現れた。

しかし，ひるがえって考えると，さまざまな行為類型が共同不法行為のなかにとり込まれ，なかには全額責任が酷と意識されるような例まで共同不法行為とされたのは，行為の関連共同性をあまりに広くとらえたからではなかったろうか。まず，たまたま複数の行為が競合した場合に，これを共同不法行為とした例がある。ある者が川に排出した汚染物質の量がそれ自体で全損害を発生させうるものであったが，他にも大量に汚染物質を排出する汚染源があった場合，判例はこれを共同不法行為として，前者に全額賠償責任を認めているが，この場合，不法行為の一般的要件をそなえている者は，他にも結果を発生させうる者が存在していたとしても，自己の行為と結果発生との間の因果関係を否定できないとして，709条か国賠法2条の責任を認めれば十分であり，わざわざ719条を持ち出すまでもなかったと思われる。また，自動車衝突によって第三者が損害を被った事例にも，しばしば共同不法行為規定が用いられるが，この場合にも，それぞれの加害車（者）の行為について，結果との間に相当因果関係があるかどうかを検討し，独立に709条（または自賠法3条）責任を論ずれば足り，719条を持ち出すまでもないように思う。以上見てきたように，結果発生についてたまたま複数の加害者が存在していたことから，709条などによって加害者に全額責任を負わせることができたにもかかわらず，719条を問題にした事例が少なくなかった。そこで，719条に独自の存在理由を持たせようとする見解においては，関連共同性の要件により限定的な絞りがかけられている。

主観的関連共同性説はその一つである。各自の行為と結果発生との間に事実的因果関係がなく，したがって709条などによっては全額賠償責任を負わないにもかかわらず，共同不法行為として全額責任を負わせるだけの非難可能性を認めるためには，共同行為者間に主観的共同関係があり，社会観念上，共同行

為が一個の行為と認められるほどの一体性があることを要するとする見解である。主観的共同とは，加害についての共謀などを指しているが，必ずしも加害自体に対する主観的共同でなくても，共同意識をもって集団的に行動をして，その行動から結果的に損害が発生した場合をも含むものと解されている。また，主観的関連共同性を要求すると，共同不法行為の成立が狭くなり過ぎるおそれがあるとして，社会観念上一体と見られるような客観的関連共同があれば足りるとする説もあるが，具体的に，主観的関連共同性はないが社会的に一体と観念できるのはどういう場合か，必ずしも明らかにされていない。

ところで，共同不法行為には，(1)共謀型，(2)連鎖型，(3)過失競合型，(4)合成型があることは前述のとおりである（118頁参照）。しかし，こうした類型化は多とするものの，それで，共同不法行為の関連共同性の意味が幾ばくか明らかになる反面，そこから逸脱するものがないのかが問題である。さらに，本田教授のいう(2)と(3)の区別は有益か，(4)の類型は，いわゆる複合型であり，必ずしも，1＋1のケースだけではない。しかも，この類型を主観的共同か，客観的共同かの考え方を当てはめてみると，結論的にはどちらの考えにおいても共同不法行為が成立する。結局，その根拠が，719条1項の前段か後段かの違いがあるだけではなかろうか。

4.3 加害者不明の共同不法行為

数人の者がなぐりあっている間に，そのうちの誰かが刃物で切りつけた場合のように，共同行為者中の，誰が損害の原因である侵害行為をしたか不明な場合である。

共同違法行為者中の誰かの行為によって，その損害が生じたものであることはたしかだが，具体的にそのうちのだれがこの損害を与えたか明らかでない場合を問題にしている。共同行為者間に（主観的）関連共同があって719条1項前段が適用されるときには，当然に共同行為者は全額責任を負う（この点をとらえて，この場合を狭義の共同不法行為という）。そこで，後段の「共同行為者中ノ孰レカ其ノ損害ヲ加ヘタルカヲ知ルコト能ハサルトキ」というのは，前段の適用がない場合をカバーしていると考えるべきであろう。したがって，前

段の「共同ノ不法行為」とは異なり，後段の，「共同行為」は，共同行為者間に主観的共同関係がない場合を指してもいる。しかし，右の程度の共同関係があっても，そのうちの誰が加害行為をしたのかを被害者が確定することは困難であるので，この規定は，共同者各自の行為と結果との間の因果関係を推定し，政策的に被害者保護を図ったものと考えられる。すなわち，本規定は因果関係の推定規定だと解される。

共同行為者は自分が加害者でないことを立証して責任を免れることができると解される。また，本規定は，共同行為者中誰が加害者であるかを知りえない場合だけではなく，共同行為者がそれぞれ損害発生に寄与しているが，全損害については相当因果関係がないという場合にも適用すべきだとされている。共同行為者がそれぞれ何がしかの損害を発生させている場合には，やはり被害者が各加害者の寄与分を立証するのは困難なので，いちおう各加害者と全損害との間の因果関係を推定し，各加害者が自己の寄与分を立証したときは，その限度で責任を免れるとするのである。

4.4　教唆および幇助（719条2項）と共同不法行為

他人をそそのかして，不法行為を行う意思を決定させることを教唆といい，見張りをしたり，助言・助力をするなど，直接不法行為そのものとはならないけれども，これを補助し，容易ならしめる行為をすることを幇助という。この教唆および幇助は，ともに不法行為の実行に参加しない点で，他の共同不法行為とは異なる。しかし，民法は，これと同一の責任を認めるのを正当と考え，これも共同不法行為者とみなした。

Expand

5 共同不法行為の効果──「各自連帯ニテ其賠償ノ責ニ任ス」

5.1 「各自連帯ニテ」の意味

　共同不法行為者は，「各自連帯ニテ其賠償ノ責ニ任」じなければならない。ここでいう「各自連帯ニテ」の意味について，立法者は719条の規定の意味を，共同不法行為者間に連帯債務を認めたことにあると考えていたようである。判例も，連帯債務そのものがすでに債権を強力ならしめる制度であるし，共同関係にある不法行為者相互の間では，連帯関係を認めても不当ではないとの理由から，連帯債務となることであるという（大判大3・10・29民録20輯834頁）。

　学説は，民法434条以下の規定は，連帯債務者の１人について生じた事由が，他の者についてもその効力を生ずることを規定しているのであるが，その多くは連帯債務者を保護する結果となって，債権者の力をそれだけ弱めているわけであり，このような関係を，民法が共同不法行為者間に認めて，不法行為者を保護したと解するのは適当ではないとする。すなわち，弁済を除き，債務者の１人に生じた事由について，他の者にも絶対的効力を認めるときは，被害者の保護を弱めることになり，また，共同行為者間に連帯債務者のような内部関係が存在するとは限らないから，いわゆる連帯債務と考えるのは妥当でないとの理由から，719条の「連帯」は不真正連帯だと解しており，判例も現在ではそのように解している。いずれにしても，共同不法行為における「連帯」は，損害全般についてである。１項後段によって分割責任となるときには，もはや共同不法行為ではなく，「連帯」責任ではない。学説のなかには，一方で共同不法行為の成立を広く認め，他方で違法性の著しく小さなものについて責任を減縮して一部連帯を認める見解もあるが，それでは719条の存在理由を希薄にしてしまうという点が問題である。

　なお，近時の学説では，行為者間に共謀などの主観的共同関係がある場合には連帯債務とし，単なる客観的共同の場合には不真正連帯債務とするとの考えや，また，共同関係の強弱・態様のいかんによって，連帯債務の規定を適宜修

正して，幅のある解決をしてよい，とする考えも見られる。

5.2 賠償すべき損害の範囲

　賠償すべき損害の範囲は，各自の共同不法行為と相当因果関係に立つ全損害である。ところで，共同で盗みをしている間に，そのうちの1人が人にけがをさせた場合に，全員が盗んだこととともに，けがをさせたことについても責任を負うのか，またはけがをさせた責任は，その行為をした者だけが負い，他の者は盗んだことについてだけの責任を負うのかという問題が考えられる。共同で不法行為をした結果生じたものであることを強調すれば，全員にその責任を負わせてもいいことになるであろうし，またほかの者とすれば予想もしなかったということを考えれば，この行為をした者だけにその責任を負わせることになるであろう。さらには，この両者の考え方をともに取り入れて，共同行為から当然予想される結果については，全員が責任を負い，予想されなかった結果については，その行為をした者についてだけ責任を追及するという考え方もできる。この点は，後に述べる公害についての処理にも影響してくるところであるから，かなり重要な問題であるが，719条1項後段との均衡や被害者の保護を考えると，共同行為から通常予想される損害は全員が負担し，特別の損害は，共同不法行為者の加えた損害中特別の事情にもとづくものは，予見または予見しうべきだった者だけが，共同して賠償責任を負うと解するのが妥当であろう（大判昭13・12・17民集17巻2465頁）。

5.3 共同不法行為者間の求償関係はどのようなものか

　共同不法行為者の1人が，全部の賠償を被害者にした場合に，この者から他の不法行為者に対して，それぞれ責任の割合（一応は平等と推定されよう）に応じて求償することができるか。

　共同不法行為者の関係を連帯債務であると考える立場（判例）では，当然求償ができる（442条）。他方，不真正連帯債務であると考える立場からすると，問題を生ずる。不真正連帯債務という概念は，本来民法の上ではっきりした内容をもっていないが，一般に学説の解釈するところでは，債務者相互の間に負

担部分というものがなく，したがって求償権も認められないのが原則であると理解されているからである。しかし，これでは不法行為者間の公平は維持されないことになる。そこで，最近では，不真正連帯債務についても，内部的には実質的な責任の割合に応じて負担部分を考えることができ，この負担部分の範囲を超えて賠償した者は，他の者に対して求償することができるという考え方が徐々に強くなってきている。共同行為者ではあっても，最終的にはそれぞれ責任の割合に応じて，賠償の義務を負担させるのが公平だからである。しかし，以上の考え方の対立はともかく，現実には，それぞれの実質的な責任の割合をどのように考えるかということについて問題を残している。結局，裁判所で判断をしてもらうことになるのであろうか。

6　共同不法行為と"From Now"

　共同不法行為論の課題には，その法的構成の問題，特に「共同」の意味と，もう1つには共同不法行為の適用範囲がある。前者は，主観的共同か客観的共同かの問題である。ただしこの問題は，結局719条1項の意味を広く解するか否かによるのであり，共同不法行為による救済を広く認めるとすると，それらの考え方には大きな開きはないともいえる。これに対して，後者の問題として，関与者が複数存することは明らかだが，損害がその性質上不可分であるため，それぞれの加えた損害部分が特定できないとか，可分であるとしても加害者中のいずれがどの損害部分を生ぜしめたのかを立証できなかった場合，どう処理すればよいのか，さらに，関与者が複数存することによって，いわゆる従来の因果関係論では因果関係が認めることが困難である場合，どう処理するかである（問題点の指摘として，神田孝夫「共同不法行為」民法講座6・636頁以下）。こうした場合，関与者が一切責任を負わないとすると，これは問題である。ここでも，民法における個人責任の原則がネックとなってくる。そこで，こうした場合においても，いわゆる，組織過失を認めることにより，その行為が，組織活動がその組織の方針に沿い行われ，その過程で，被用者の行為が他人に損害を与えた場合には，その行為者である被用者が誰であるかは，被害者にとり問題とならず，その組織活動こそ責任の根拠となると考えるべきである。

第8講　商品の欠陥と製造物責任

Case 9　マンションのガス風呂に排気筒や換気口の設備がないのにプロパンガス販売業者がボンベを設置し，入居者が入浴中に不完全燃焼により中毒死した。被害者は，だれに対して損害賠償を求めることができるか。

Introduction

1　製造物責任とは

　製造物責任とは，製造者から小売商を通じて販売された商品について，消費者が購入した商品に欠陥があったことによって消費者等が生命・身体・財産等に損害を被ったような場合の責任のことである。森永ドライミルク事件，カネミオイル事件，サリドマイド事件等がその代表といえる。この製造物責任は，われわれの市民生活に非常に大きな影響を与えている。
　たとえば，AがB社製のテレビを小売店から購入したが，そのテレビから火が出てA自身やその家族Cが死傷した場合，被害者であるAやCがB社に対し損害賠償を請求しようとする場合，A，CとBの間に直接の契約関係がないことから，通常は不法行為による損害賠償が問題となる。しかし，不法行為訴訟において，テレビの構造や製造過程について専門知識を持たない被害者がメーカーの過失の存在を証明することは不可能に近い。しかも，メーカーは商品の製造販売により利益を得ており，さらに，商品の安全性を確保する上で最も有利な立場にある。しかも，製造物は工業製品に限られず，むしろ生産物一般を指すから，工業製品はもちろん，農産物，住宅等広汎にわたる。
　製造物の欠陥による損害は商品の品質上の欠陥による損害（瑕疵損害）とは異なる。瑕疵損害は売買における売主の瑕疵担保責任の問題だが，製造物責任

を生じさせる損害は，たとえば，自動車運転中，その欠陥によって事故が発生し，他人の店舗を破損した場合の店舗の破損やそれによる一時休業による損害などのように，商品の瑕疵の結果，ひき起こされた損害である。これを瑕疵惹起損害ないし拡大損害という。

2　製造物責任概念はなぜ必要か

　従来の法的構成においても，被害者は製造物の欠陥による損害の賠償を請求することは可能である。しかし，そこでは対等な立場に立つ，1対1の契約当事者ないし不法行為当事者を前提としていることから，今日のような複雑で広汎な流通経済を前提とはしていない。当初は製造物のメカニズムも単純で，消費者もその瑕疵による被害を自ら防止することはさほど困難ではなかったし，被害自体も甚大・深刻なものではなく，その範囲も広汎にわたることはほとんどなかった。ところが，製造機構の進展と流通経済の発展は，製造技術の高度化・メカニズムの複雑化により生ずる製造物の危険性の増加，生産競争によるコストを低くするための安全性の軽視，大量生産による被害の拡大化，生産過程の分化や流通過程の複雑化による責任主体の不確実性・多数化等の変化をもたらした。これによって，被害者の救済のためには，製造物責任の従来の法的構成では不十分であり，製造物責任においては，民法709条とは異なる責任ルールが必要となってきた。

　外国に目を向ければ，アメリカにおいては，すでに1960年代から厳格責任（strict liability）が製造物においては認められており，そこでは，商品に欠陥があればメーカーは責任を負うという考え方が確立している。ヨーロッパにおいても，1985年にEC閣僚理事会が加盟各国に無過失責任としての製造物責任法の制定を指令し，多くの国がすでにその指令に従った立法を行っている。

　これに対し，わが国では，最近まで製造物責任に関する特別法は存在しなかった。そこで，裁判所は，たとえば，食品事故において，食物は人間の生命・健康にとって絶対に安全なものでなければならないから，食品メーカーは，その安全性を確保すべき高度の注意義務を負う（福岡地判昭52・10・5判時866号21頁）としたり，薬害事件において，医薬品メーカーは，最高の学問水準により

医薬品の安全を確保する義務を負う（金沢地判昭53・3・1判時879号26頁）とするなど，過失の前提であるメーカーの注意義務を高度化することにより被害者救済を行ってきた。しかし，すべての製造物事故において適切な被害者救済が実現されたとはいえず，また，損害賠償が認められたこれらの事件においても，過失の立証に大変な労力と時間がかかり，訴訟が長期化するなどの問題点が存在した。

3　製造物の安全と法的規制

　製造物責任の中心は，何よりもそれにもとづく消費者等の被害を予防することである。現行法上でも消費者等のためにその生活用品を中心として各種の法的規制が行われている。たとえば，商品に対する一般的規制として工業標準化法，農林物資の規格化および品質表示の適正化に関する法律によって消費者に商品の選別・信頼の基準を提供している。

　また消費生活用製品安全法により一定の安全規準以下のものの販売を禁止して製品の安全性を確保するための規制を行っている。さらに各製品ごと個別に各種の法的規制がなされている。すなわち，食品については食品衛生法によって，飲食による衛生上の危害発生の防止のため，食品・食品添加物・器具・容器包装に関して製造・輸入・加工・調理・販売等の規制が行われている。また医薬品についても薬事法によって薬品・化粧品の使用に伴う保健衛生上の支障防止等のため，医薬品・医薬部外品・化粧品・医療用具に関してその製造・輸入・販売につき官公庁の許可ないし承認が要求されている。しかし，このような商品ないし生活用品に対する法的規制が存在していても，欠陥商品の発生を阻止することはできないため，欠陥商品による被害に対する法的救済は重要な問題であるといえる。

Issues

4 製造物責任立法へのプロセス

4.1 製造物責任立法の系譜

　こうした判例による解決は，一定の限界があることは確かである。そこで，1970年代以降，製造物責任法の制定の必要性が主張されるようになった。まず，1975年には，有力な私法学者のグループである製造物責任研究会が，過失要件を製品の欠陥に置き換え，しかも，欠陥および欠陥と損害の因果関係を推定するという，消費者保護に厚い「製造物責任法要綱試案」（ジュリスト597号16頁）が発表された。この段階では，立法化への動きは，具体的には進展しなかったが，1980年代後半以降立法を求める声は急速に強くなり，1994年6月に製造物責任法が可決成立し，1995年7月施行された。

4.2 製造物責任追及のための法的構成の歴史

　製造物の製造・販売には製造業者，卸売商，小売商といった多くの者が関係している。したがって，製造物の欠陥による責任追及にあたっては，それらの関係者と消費者との関係に応じてその法的責任の内容・性質も異なってくる。そこで，どのような法的責任構成が考えられるかを一般的に検討する。

(1)　**契約的構成 ── 瑕疵担保責任，債務不履行責任**

(ア)　**瑕疵担保責任の追及**　　消費者は契約の当事者である小売商に対しては商品の売買にもとづく瑕疵担保責任（570条）や債務不履行責任（415条）の追及ができる。商品売買については通常，不特定物売買であるから，瑕疵担保責任は問題とならないとの見解も考えられるが，近頃では不特定物にも瑕疵担保責任を認める考えがあるから，両責任が検討されなければならない。商品に隠れた瑕疵（欠陥）のある場合には，買主は売主に対して損害賠償請求や契約解除をすることができる。その責任は無過失責任であるから，売主に故意・過失がなくても追及できる。しかしその責任として商品の取替を請求できるかは問題であるが，実際には取替を行っている。しかし取替がなされても損害（瑕疵惹

起損害）は塡補されないことがある。これは，担保責任の損害賠償というものが，買主がその商品を完全な物であると信じたことによって生じた損害（信頼利益説）ないし商品の対価を限度とした損害（対価制限説）の賠償であると解されていることによる。このように，瑕疵担保責任では，製造物責任として瑕疵惹起損害を含む全損害の賠償を請求できないのが不十分な点である。

(ｲ) **債務不履行責任の追及**　商品に欠陥があった場合には債務不履行の一つである不完全履行責任が考えられる。その場合の損害賠償は全損害が対象となるので，瑕疵担保責任より消費者にとっては有利であるが，そのためには小売商の過失・瑕疵と損害との因果関係が必要である。したがって売主が過失の不存在を立証できないか，消費者が因果関係の存在を立証できなければ売主の責任は追及できない。さらに，このような契約的構成による場合には，その前提として契約関係の存在が必要であるから，たとえば，中間流通業者，製造業者のように直接の契約当事者でない者に責任を追及する場合の法的構成とすることができない。もっとも中間流通業者は小売商に対して商品についての付随的注意義務を負担しているから小売商が消費者に対して賠償責任を負担すると，消費者への賠償によって生じた損害の賠償を小売商は中間流通業者に対して請求できる。そこで消費者は小売商の中間流通業者に対する賠償請求権を代位行使することができるが（423条），この理論は判例も認めている。この理論をくり返せば消費者は製造業者にも責任を追及できることになる。しかしこのような法的構成には問題があるので，消費者が製造業者に対しても直接，賠償請求をすることができる構成をとるべきであろう。

(ｳ) **準契約的構成信頼責任，保証責任**　製造物責任は瑕疵惹起損害に対する責任であり，特に消費者保護のための特別の責任といえる。このような重い責任は契約によって一般に生ずる損害に対する賠償とは異なる。すなわち，そのような重い責任が通常の契約によって生ずる責任の1つと見ることには問題がある。そこでその責任を一般の契約的構成とは別なものとしようとする考えがある。信頼責任または保証責任による構成である。

(i) **信頼責任の追及**　信頼責任とは，消費者に対して，その表示や広告によって商品にはそれが欠陥のない物であることの信頼を生じさせているのだか

ら，もしその商品に欠陥があった場合には，消費者の信頼を裏切ったものとして，いわゆる契約締結上の過失と同様に，製造業者に負わされる責任をいう。

(ii) **保証責任の追及**　保証責任とは，商品の製造業者，販売業者には商品から生ずる損害を担保する法定の義務が課せられており，それらの者の負担する責任をいう。その義務は商品に付着しているものであるから，商品と共に移転していくので，小売業者，中間流通業者，製造業者は，それぞれその責任を負担するとされる。

(2) 不法行為責任＝非契約的構成

以上の法的構成はいずれも理論的難点がある。そこで，製造物責任の法的構成を不法行為責任的に構成することが考えられる。不法行為責任構成では，小売業者・中間流通業者・製造業者のいずれにも直接，責任を追及できるし，被った全損害の賠償を請求できる点ではメリットがあるといえる。しかし，この構成では，被害者である消費者が不法行為の成立要件である製造業者等の過失，欠陥と損害との間の因果関係の存在を主張・立証しなければならない。しかしながら，これらの会社（企業）は規模も大きく，通常，企業内部の組織も分業化されており，しかも複雑で高度の技術にもとづく作業を行っていることから，被害者（消費者）の側でそうしたことを立証するのは容易でない。また，企業の体質と企業秘密の保持から，その流れの実情を調査することは不可能に近い。

そこで，消費者が企業の過失や因果関係を立証するのを容易にするために，新しい過失論や因果関係論が展開されている。

4.3 新過失論

(1) 過失の推定論

すなわち商品に瑕疵（欠陥）が生じ，それによって消費者の生命・身体等に被害が及んだ場合には，その製品を製造・販売した者の過失が事実上，強く推定され，瑕疵の発生・存在がそれらの者に要求される高度かつ厳格な注意義務を尽くしても，なお予見しえないものと認められない以上は，右推定は覆らないとする理論である。この理論は食品・医薬品の製造物責任について裁判例で

採用されている。

(2) 注意義務の高度化

製造業者に結果の予見可能性のある限り高度の結果回避義務（注意義務）を課す方法である。その結果として無過失責任に近い責任を負わすことになる。ただ，この理論では予見可能性の有無の判断や結果回避手段をどの程度のものとするかは相当困難である。学説上，予見可能性の有無は現在の科学的知識を基に合理的に判断して危険な結果を生じさせると思われるか否かによって決すべきであり，結果回避義務の具体的内容は予想される被害が現実に発生した時に重大性の程度，被害発生の可能性の程度，原因行為の公益性，社会的効用の程度，防止策の有効性の程度等諸般の事情を総合して決すべきであるとされている。

(3) 新因果関係論

本来，因果関係の存在の立証は科学的に疑いのない程度の確証による立証がなされなければならないが，とくに食品・医薬品といった製造物の場合には，損害が商品の欠陥にもとづくものであることが科学的に高度の蓋然性をもって明らかにされ，経験的・合理的に説明できれば足りる。したがって，製造業者がそれに対して客観的に根拠のある反証を示し得ない場合には，企業の方が通常，消費者よりも立証能力の点で勝るという点を考え，反証能力を十分持っているはずの企業側が反証できないことを情況証拠として因果関係を認定してよいといえる。

4.4 保証書ならびに免責の特約

商品の売買に際して消費者に交付される品質保証書の性質については，売主の瑕疵担保責任について商品の修理・部品交換の責任を負担する特約（瑕疵担保責任特約），「瑕疵担保責任とは別に損害の危険を製造業者が引受ける特約（損害担保契約）」，「品質の適った物を製造業者が消費者に履行する責任を保証する特約（履行担保特約）」と解する各説が対立している。いずれにせよ，小売商の瑕疵担保責任は保証書の内容には拘束されない。保証書に定める保証期間は上記の特約の責任負担期間を制限するが，実際の制限期間は短期過ぎるた

め，商品の耐用期間に亘ることが望ましい。また，保証書には販売店名記入と捺印を要求しているが，それでは製造業者の販売系列外の小売店から購入した場合には保証の特約は及ばないことになってしまうので，消費者には不利である。製造物責任について免責の特約（免責約款）をすることは，製造物責任が瑕疵惹起損害に対する安全義務違反にもとづくことからすれば，公序良俗に反し無効というべきであり（90条），製造物責任を不法行為責任と構成する場合にはそれの特約が問題とされることはない。

5 製造物責任法（PL法）の概略

5.1 製造物責任法の目的

　電気店から買い入れたテレビが突然爆発して消費者がケガをした場合のように，小売店などを通じて販売された商品（製品）に欠陥があるため，消費者，利用者，その他の者が損害を被ったときには，その商品の製造者などが責任を負う（製造物責任法3条）。

　法1条は，人に対する生命・身体・または財産に関わる被害について，製造者の損害賠償責任を定め，もって，被害者の保護を図るとともに，国民生活の安定向上，国民経済の健全な発展に寄与することを目的とすると規定する。

　製造物責任法は，民法の一般的不法行為（709条）の特則として規定された。製造業者などの故意・過失を問題とすることなく，製造物に欠陥がある場合，その責任を負うとする。したがって，いわゆる無過失責任を採用したものである。

　ただし，他方で，製造業者などに「開発危険の抗弁」や「部品原材料製造業者の抗弁」を認めて，製造業者が無過失であることを立証すれば免責されることを定めている点，諸外国の立法例からみると，若干，後退したものとなっている。

5.2 責任の成立要件

(1) 製造物による被害であること

　製造物責任が生じるためには，製造物の欠陥から被害が発生したことが必要

である。製造物とは，製造または加工された動産をいう（同2条1項）。土地・建物のような不動産，未加工の農産物，電気のような無体物，人体の一部（臓器・血液），情報による被害は除かれる。輸血用血液製剤も製造物であるが，生命の危機に際して使用されることや技術的にウイルス感染や免疫反応などによる副作用の危険性を完全には排除できないことなどの特殊性から，製造物責任法の適用は慎重にすべきとされている（国会の附帯決議がある）。

「被害者」とは，当該製造物の欠陥によりその生命，身体または財産について現実に被害を受けた「者」のことで，自然人，法人，さらには権利能力なき社団や財団をも含む。このうち自然人の場合では，いわゆる消費者がその代表的なものである。しかし，もちろん消費者に限ることなく，要するに被害を受けた者であれば誰でも製造物責任法の保護対象となる。たとえば，工場内で作業中に製造設備の欠陥によりその身体に被害を受けた従業員，さらにはその事故によって操業を停止せざるをえなくなった事業者なども，「被害者」たり得ることは当然のことである。

(2) 製造物の「欠陥」によるものであること

製造物責任法は，製造者などの故意・過失に代えて，製造物の欠陥を責任発生要件としている。欠陥とは，問題となった製造物の，特性，その通常予見される使用形態，その製造業者等が，その製造物を引き渡した時期その他の当該製造物に係る事情を考慮して，その製造物が通常有すべき安全性を欠いていることをいう（同2条2項）。いわゆる「瑕疵」と「欠陥」との違いは，後者がいわゆる「安全性」にかかわる瑕疵に限定している点である。製造物に「欠陥」があるか否かの判断は容易ではない。そこで，考慮すべき事情をあげることで，客観的妥当性を担保するものといえる。具体的には，まず，消費者の期待を基準とするが，①製造物の特性，②通常予見される使用形態，③流通におかれた時期，④その他当該製造物にかかる事情の諸要素を考慮し判断する（同2条2項）。

(3) 生命・身体・財産が侵害されたこと

製造物責任が生じるためには，製造物の欠陥によって人の生命・身体・財産を侵害したことが必要である（同3条）。その製造物を原因として被害者の生

命・身体・財産を侵害することによって生じる損害（拡大損害）のみが問題となるのであって，品質損害すなわち瑕疵損害のように，欠陥によりその製造物の商品価値が下がることによる損害には適用されない（同3条但書）。

(4) **欠陥と損害とに因果関係のあること**

製造物責任法によって製造者などに責任が生じるためには，製造物の欠陥により損害が発生したこと，すなわち欠陥と損害との間に因果関係が存在することが必要である。

欠陥の存在および欠陥と損害との間の因果関係を被害者の側で証明しなければならない。裁判例には，化粧品（ファンデーション）の使用によって顔面の皮膚障害が生じた事故において，因果関係が認められたが，製造業者の警告上の欠陥が否定された事例がある（東京地判平12・5・22判時1718号3頁）。

5.3 製造物責任の効果

製造物責任の効果は，「損害賠償の責任」である。いわば加害者としてのこれら製造業者等に係る民法709条に相当する責任をいい，被害者に対してその製造物の欠陥と相当因果関係にある損害を賠償することになる。

Expand

6 製造物とその欠陥

製造物責任法による製造物を図示すると以下のようである。

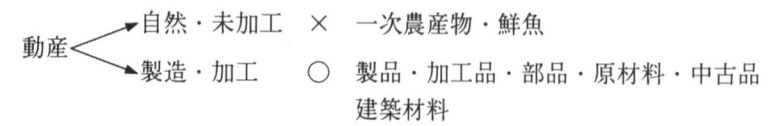

動産 ─┬─▶ 自然・未加工　　×　　一次農産物・鮮魚
　　　└─▶ 製造・加工　　　○　　製品・加工品・部品・原材料・中古品
　　　　　　　　　　　　　　　　建築材料

製造または加工された動産

有体物：不動産

無体物：⎰エネルギー
　　　　｜サービス
　　　　｜著作物
　　　　⎱その他　　工業所有権

なお，輸血用血液製剤については，前に述べたとおりである (5.2-(1))。

6.1 欠陥とは（2条）

　具体的欠陥は個々の商品の種類によって異なるが，一般的には物理的欠陥を意味する。また食品・医薬品などは特に人体に化学的危害を加えるものであるから化学的欠陥といえる。いずれも製造物の欠陥といえるが，人々に重大な生命的・身体的損害を及ぼす化学的欠陥の方が危険である。製造物の製造過程からみた欠陥には，①製造工程上の欠陥，②設計上の欠陥，③指示・警告上の欠陥，④開発途上の欠陥の別が考えられる。

　①は商品の製造工程中の安全管理が不十分なために商品の一部に欠陥が生じた場合で，いわゆる商品のバラツキである。

　②は商品の設計の段階で科学的・技術的要請に適合していないために生じた欠陥で，商品のすべてに欠陥の生ずるものである。

　③は消費者に適切な指示をしなかったために生ずる欠陥である。とくに医薬品のように副作用が避け難い場合にはその適切な指示を欠けば（使用書の不

備）製造業者の責任が問題となる。

　④は製造時において科学上・技術上の水準では予測できなかったような損害が生じた場合である（同法4条以下に規定）。

　以上の欠陥のうち，②の欠陥が存在する場合に製造業者の過失の認定は容易であり，①，③の欠陥も通常の不法行為による過失を認定できる。④の欠陥は，製造業者の過失は困難であり，認定できない場合が多く，その責任の追及は難しい。しかし，販売後の製品の利用（例；薬品の服用）の結果，損害が生じたにもかかわらず早急な製品の販売中止・回収等の手段をとらない場合には，因果関係のある限り
製造業者に損害の一部の責任を負担させるべきであるとする見解もある。

　そこで，製造物責任法は，欠陥について，当該製造物が通常有すべき安全性を欠くことをいうとする。

　さらに，その考慮事情として，製品特性，使用形態，引渡時期をあげている。

6.2　損害賠償責任者

(1)　**製造業者**（同法2条3項）

　㈦　**製造業者**　　製造業者は商品の欠陥がたとえ労働者，下請業者，原料供給者等のいずれの過失によるものであっても，最終的にその欠陥を検査防止すべき義務があるので，不法行為責任を負担する。ただし，製品の流通過程において流通業者の取扱いが不適切なため，欠陥が生じたような場合には，製造業者には過失はなく，責任を負わないが，そのためには中間業者にその取扱いについて適切な指示を行っていなければならない。この場合でも，流通過程での欠陥の発生を予見しうる限りその責任を免れない。なお，商社が自分の支配下にある製造業者に自ら指示して商品を製造させたような場合には，商社自らが製造業者としての責任を負うべきである。

　法は，2条3項において責任主体の三角形として，以下のものを規定する。

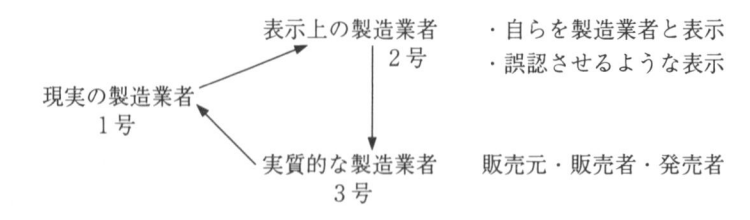

```
                    表示上の製造業者      ・自らを製造業者と表示
                         2号         ・誤認させるような表示
  現実の製造業者
      1号
                    実質的な製造業者      販売元・販売者・発売者
                         3号
```

(ｲ) **実質的な製造業者→中間業者（流通業者，小売商）**　　中間業者が商品の取扱中にその過失で商品に欠陥を生じさせたり，検査を怠って欠陥を見過ごしたり，欠陥を知りながら商品を販売したときには過失が認められるので，責任を免れない。しかし，複雑な製造工程で製造される商品では，中間業者の過失は認められ難く，免責されることも少なくない。

(ｳ) **下請業者，部品・組立業者，原料供給者**　　これらの者の中には製造業者に対する地位が従属的なものから法的・経済的に独立しているものまで，多様であるが，自ら製造業者に納入する部品または原料に欠陥があったため，商品に欠陥を生じさせた場合には，消費者に対する不法行為責任を免れない。そして，欠陥商品製造への加担の度合いの差は加害者間で最終的に責任分担する場合の差異を生じさせるにすぎない。

(ｴ) **部品製造業者の抗弁**（同法4条2号）

(2) **労働者の責任**

　製造業者等に雇われている労働者のミスで商品に欠陥を生じさせた場合，このミスは製造業者により抑制でき，労働者は企業に従属し製造工程の一部作業を分担するのみであるから，労働者は原則として責任を負わない。

(3) **国 の 責 任**

　国が商品の製造・流通に関し許認可権や監督権を有する場合には，行政の対象は業者に対するものであるが，その目的は商品の安全性を監視し，消費者への危害を防止することにあるから，国に行政監督上の義務違反が認められる場合には不法行為責任を負担しなければならない。その法的根拠は国家賠償法1条であるが，近時，裁判例でも食品・医薬品について国の不法行為責任を認めたものがある。

　なお，製造物責任法では，製造物の販売業者や賃貸・リース業者は責任主体

とされていない。これらの者に故意・過失があって被害が生じた場合には，民法による責任が問題となる。

6.3 責任期間の制限

製造物責任法による損害賠償請求権は，被害者またはその法定代理人が損害および賠償義務者を知ったときから3年，製造業者等が製造物を引き渡したときから10年で時効によって消滅する（同5条1項）。しかしながら，身体に蓄積した場合に人の健康を害することとなる物質による損害（蓄積損害）または一定の潜伏期間が経過した後に症状が現れる損害（遅発損害）については，その損害が生じた時から起算する（同5条2項）。

損失補償と損害賠償

ある行為により生じた損害で，かつ違法な行為により加害者から損害を塡補させるのが損害賠償である。他方，損失補償は，もともと，行政上必要な適法行為による特別の損害（犠牲）を塡補しなければならないとするものである。土地の収用をした場合のようにである。しかし，今日，損害賠償もその要件である，故意・過失も客観化され，加害者に対する避難の意味が薄れてきていることから，両者の違いも以前ほど顕著ではない。

◆損害賠償法用語ミニ辞典◆

第9講　学校事故と賠償責任
――国家賠償責任――

Case 10　A学校は，夏期にプールの開放を行っている。B少年は，それに参加したことろ，係員の目を盗んで飛び込みの練習をし，プール底に頭をうち，死亡した。このプールは，日本水泳連盟の施設基準を満たしていなかった。A学校に責任はあるか。

Introduction

1　学校事故の特質

　学校事故とは，原則として，被教育者を被害者とする事故である。したがって，学校事故の特質は，次のような点にある。
　① さまざまな発達成長段階ならびに，個性をもつ発達成長途上の青少年に対する侵害である。
　② 児童・生徒にとり，事実上逃れることが困難な日常的な学校生活（とくに，わが国ではその範囲が多様であり，学校行事・クラブ活動等も含む）において生ずる。
　③ その原因が，多少なりとも教師の専門的教育活動ならびに，教育に必要な条件整備（施設・設備等）とのかかわりのなかで生ずる。

2　学校事故の責任とその態様

　学校事故の責任の意味は，法律上，民事責任・刑事責任・行政責任に大別できる。民事責任は，違法な行為の結果に対して金銭的な賠償を行うものであり，刑事責任は，その社会的責任を問うものである。行政責任は，行政秩序を乱し

たことに対する責任で、通常、懲戒という形でなされる。学校事故を態様により、教師の教育活動中、生徒間、学校施設による事故等に大きく分けられる。

3　学校事故責任の法的根拠と公権力の行使

　学校事故により、児童・生徒が負傷あるいは死亡した場合、全くの不可抗力によるものであったり、また、その原因のすべてが被害児童・生徒の不注意にあった場合は別として、被害者は誰かにその責任を問うことができる。たとえば、学校事故の発生が教師の指導監督の過失によるとか、施設・設備が安全性を欠く場合には、学校設置者（国・地方公共団体・学校法人）、教育委員会、学校長、園長、教師、さらに、加害生徒、加害生徒の父母が考えられる。通常、その責任の問い方は、損害賠償の請求という形でなされるが、国公立の学校か私立学校かにより、責任の性質もその法的根拠も異なる。通例は、国公立学校の場合には国家賠償法1条・2条により、私立学校の場合には民法709条以下の規定によるが、国公立学校の場合にも、その事故がやはり不法行為の一種であることにより、国公立学校の教育活動が国家賠償法1条にいう「公権力の行使」にあたらないとされた場合には、民法による損害賠償請求をなしうる。

　ところで、従来、学校事故の法的救済はその多くを不法行為により処理してきたが、学校設置者と被害生徒との関係において、安全配慮の債務関係があることに着目すると、それを怠った結果である（安全配慮義務違反）とみれば、これを債務不履行責任として追及することもできる（民法415条「債務者が債務の本旨に従った履行をしなかった」）。債務不履行責任として追及する利点は、賠償責任主体を教師個人とするのではなく学校設置者とすることができ、教師と被害生徒側との対立を少しでも解消できる点にある。

3.1　国公立の学校における学校事故の賠償責任の根拠

　公務員が公権力の行使にあたり、違法な加害行為につき、国・公共団体が賠償責任を負うとされる場合、国家賠償法1条による。たとえば、教師の教育活動中の児童・生徒に対する暴行、違法な懲戒行為、学校の教育活動にともなう生徒間事故等における教師の児童・生徒に対する安全義務違反を理由として、

学校設置者が賠償責任を問われる場合である。学校事故で、この公権力の行使による責任が問われる場合、国家賠償法1条1項の要件は、①教師の加害行為が公権力の行使にあたり、②教師の故意・過失により生じ、③その加害行為に違法性があり、④事故による損害と加害行為との間に因果関係があり、⑤教師の職務上の行為による事故であること、である。なお、同法1条による責任は、通常、公務員の選任監督者としての責任ではなく、公務員に代わる責任と解されている。したがって、国・公共団体が、当該公務員の選任監督について注意を怠らなかったことを立証しても賠償責任を免れることはできない。

3.2 国公立の教育活動は「公権力の行使」にあたるか

学説は、①教師と児童・生徒の関係は、命令・強制をともなう本来の権力作用とは異なるが、とくに、義務教育の場合には児童・生徒が就学の義務を強制され、学校の教育計画等に従わせられている。よって、教師が公権力ないしこれと似たものをもって児童・生徒を支配しているとみられることから、そうした公権力に内在する危険に根拠をおくものである。②公権力の行使には特別権力関係も含むとし、教師の児童・生徒に対する教育のための支配・命令を一種の特別権力関係と考えるものである。これは、国・公共団体と公務員との関係と同様にみるものである。今日、この考え方をとるものは少ない。③学校における教育は国家統治権の権力作用ではないが、学校管理権の行使とみて、国家作用の一つとし、公権力の行使にあたるとする。なお、国家活動全体が公権力の行使にあたるとするものもある。今日の通説・判例は、④学校の教育作用は非権力作用であるが、ここにいう「公権力の行使」にはこの非権力作用も含まれるとするものである。

3.3 公権力の行使にあたる教育活動

判例には、すべての教師の教育活動を公権力の行使にあたるとするものもある。さらに、学校の種類（大学〜保育園）の区別はなく、義務教育か否かも区別しない。また、その範囲も、学校の直接実施しているすべての教育活動に限らず、正課授業の一環としての課外活動のみならず、教師の許可ある自主的課

外活動も含む。さらに，場所，時間，校外，校内，教育活動中以外の自由時間，放課後，夏休み期間であってもよい。さらに，その事故が，教師による体罰・暴行・懲戒も含まれるとする。

4 学校事故と学校施設の瑕疵

4.1 学校施設

学校施設には，学校校舎，校舎・体育館内の天井・階段・廊下・窓等，校庭，学校プール，砂場，球技用具，理科実験用具，技術用具，さらには，朝礼台等さまざまなものがあり，どのような施設・設備による事故か，また，それが国公立学校か否かによっても，その責任の問い方は異なる。事故の原因となった施設が公の「営造物」の場合には，国家賠償法2条により，営造物に瑕疵があればその営造物を設置または保存している国・公共団体が賠償責任を負わせられる。それに対して，事故の原因となった学校施設が「土地の工作物」にあたるときは，民法717条により，工作物の瑕疵によって生じた場合，占有者に第一次的責任を，第二次的にはその物の所有者に賠償責任を負わしている。したがって，事故原因の施設が借用物であったとしても，学校に賠償責任が生ずる。

4.2 施設・設備に安全性を欠くことの意義

営造物責任における，設置の瑕疵とは，営造物の設定・建造に不完全な点があることをいい，管理の瑕疵とは，営造物の維持・修繕ならびに保管に不完全な点があることをいうが，判例・通説は，瑕疵とは，それら営造物が本来，備えるべき安全性を欠いている状態をいうとする。瑕疵の有無の判断はその周囲の環境，通常の用法とを考慮して判断すべきである。瑕疵の認定は，まず，事故の直接原因を見定め，その危険状況を安全性の欠如とみ，その安全性の欠如を設置・管理者に責任を負わせてよいか否かを判断し，その結果，法的非難に値する事由のある場合に「瑕疵」ありと認定する。具体的には，学校施設の構造・用法上の危険性，施設の設置場所，危険防止の措置，注意表示施設，危険防止のための人的施設等の有無，さらには，被害者の危険回避能力，危険の予測性等を総合判断することになる。

Issues

5　児童・生徒の加害行為と本人の責任

　ある児童が，他の児童に対して加害したことによる学校事故について，その加害児童に賠償責任があるのかが問題となる。民法は，自分の行為を弁識するにたるだけの知能を有しない未成年者，心神喪失の状況にある者が他人に損害を加えても，責任無能力者として賠償責任を負わない旨規定する（712条・713条）。この場合には，「これを監督すべき法定義務のある者」「監督義務者に代わりて無能力者を監督する者」が監督義務を怠ったことがないことを証明できなかった場合には，みずから賠償責任を負う（714条）。これは，民法における不法行為の成立にはその加害行為が故意か過失によりなされた場合でなければならないことから，この故意・過失についての判断能力が必要となるからである。したがって，ここでいう責任能力とは，単に行為が悪いことだというだけではなく，行為の結果がなんらかの法的責任をともなうことを認識できる能力をいう。加害生徒にそうした能力があったか否かは，具体的に判断しなければならない。加害生徒の個人差ならびにその加害行為の種類によっても異なってくる。一般的には，小学校卒業の年齢が一つの目安となる。

5.1　監督義務者の責任が生ずる場合

　児童・生徒間の場合，加害生徒が自分の行為を弁識するにたるだけの知能を有しない場合には，賠償責任がないことになり，この生徒の全生活関係の法定監督義務者が賠償責任を負い，さらに親権者に代わって監督する立場にある者にも賠償責任が生ずる。法定監督義務者とは，契約その他の原因によって法定監督義務者に代わって監督する者，たとえば幼稚園の園長・小学校の校長・教師等である。法定監督義務者は自らの監督に怠りのなかったことを証明しないかぎり，免責されない。またこの責任は，加害行為が監督義務を怠ったことによって事故が生じたか否かにあるのではなく，監督義務を怠ったという点に帰責性が求められる。なお，この監督を怠らなかったことの証明は，証明責任が

転換され，監督義務者において証明すべきとなる。

5.2 生徒間事故の場合の校長・教師の責任

校長・教師は代理監督義務者か。代理監督義務者とは，法定監督義務者の監督義務の全部または一部が移転し，これを代行していると解される。判例は，学教法により教師・校長を，児童福祉法により園長を根拠づけている。さらに，学説は，親権者の教育義務の代行という一面をとらえ，この代行関係にその根拠を見いだしている。なお，代理監督義務の範囲は，それら代理監督義務の範囲内での加害行為に限られ，通常，それが学校生活において発生することが予測される加害行為に限られることはいうまでもない。また，加害生徒の学年，代理監督者の地位，職場での権限をも考慮にいれ，監督義務の範囲を決定する必要がある。

6　学校施設の破壊と損害賠償

「学校施設」が学生，生徒，児童等の校内暴力により破壊された場合，民法上，被害者が加害者に損害賠償請求権を取得する，いわゆる不法行為となる（709条）。不法行為が成立するには，①行為者の故意または過失により，②責任能力のある者が，③他人の権利を侵害することにより（不法行為との間に因果関係のあること），④損害が発生したことである。

とくに，設問で問題となるのは，②の「責任能力のある者が」とする要件である。責任無能力者の不法行為責任について，行為者本人が責任を負うことを原則としている。しかし，不法行為の成立要件として，故意・過失を要求していることから，行為者が自己の行為の結果を予見して，他人に対する違法な加害を回避しうるだけの判断能力を備えている必要がある。このような能力を責任能力というが，この責任能力を欠いた者がいくら加害を加えても不法行為は成立せず，損害を賠償する必要もない（712条・713条）。責任能力は社会における単独で取引ができる能力（行為能力という——3条・9条・11条）のように事前に画一的に定められるようなものではなく，加害行為がなされたときに，あくまでも実質的に判断される。つまり，自分の加害行為は許されない行為（違

法なもの）で，その結果，法律上責任が生じることを一般的に認識できる知能をいう。

では，いったいいつこのような責任能力が備わるのか。一概にはいえないが，加害行為の性質や，発生する結果の如何によっても差があるが，判例には，数え年8歳の年少者の不法行為については，親権者が監督義務を怠らなかったことを立証しない以上，責任を免れないとするものがあるが（大判昭18・4・9民集22巻255頁），一般には小学校を終える12歳前後になれば責任能力が備わるものとされている。この責任能力には，2つの種類があるが，ここでは未成年者が問題となる。ただし行為無能力のように一律に20歳未満とされるのではない（712条）。

ところで，このように責任無能力者が加害行為を加えても何ら損害賠償の責任がないということになって，被害者としてもまったく泣き寝入りしなければならないとなると，何としても不合理である。そこで，その場合には，責任無能力者を監督する義務のある者が加害者の責任を負う（714条）。こうした善悪の区別もつかないような者は，他人に危害が及ばないように，その監督者が十分注意をしておく必要があるからである。監督する義務のある者は，未成年者については，通常，親権者である親が（820条，親権代行者＝833条，後見人＝857条等），あるいはこれらに代わって責任無能力者を預かっている代理監督者（小学校長——通常は国・地方公共団体，学校法人）等も，同様にこの義務を負う。これらの監督者がこうした責任を免れるためには，自己の方で十分監督をしていたことを証明しなければならない（714条1項但書）。その点で監督義務者の責任が加重されている。

では，責任能力ある未成年者の加害行為については，どうなるか。この場合，加害者本人には賠償資力のないのが通常である。責任能力の備わる年齢をできるだけ高く認定して，本人の責任能力を否定し，監督義務者の責任を認めることも考えられるが，これには限界がある。そこで，今日では責任能力ある未成年者の不法行為が親権者等の監督義務の怠りと因果関係にあることが証明されれば，親権者は民法709条の責任を負うとする考えが一般的である（最判昭49・3・22民集28巻2号347頁）。しかし問題は，どのような場合に親の過失があり，

それと結果との間に因果関係があるとするかの判断基準である。

前記判例は，①未だ義務教育の課程を終了していない者で親権者の養育監護を受けていたこと，②平素から不良交遊を生じ，しだいに非行性が深まってきたとき，③これに対し適切な措置をとらないで全くこれを放任していたことを挙げている。すべての場合に妥当するかはさておいて，一応の基準といえよう。

不法行為の効果は，加害者または，監督義務者等が，被害者に対して金銭による賠償をすることである（722条1項）。損害とは，被害者の被る多種多様の不利益であり，それは侵害された利益と密接に関連し，損害額の算定では侵害された利益の類別に応じて決するほかなく，損害の種類は，侵害された利益に応じて考えるのが適切である。そして損害額に応じて賠償額が決定される。

損害賠償の範囲は，加害行為と相当因果関係にもとづく範囲である（416条）。設問では，窓ガラス，机・椅子の修繕代金がそれにあたる。なお複数生徒により，また，数人が共同してこうした破壊行為がなされた場合には，各不法行為者は，その結果生じた全損害につき賠償しなければならない（719条－共同不法行為）。

さらに，共同行為者のうちいずれがなしたか分からない場合も同様である。そそのかした者（教唆者），助けた者（幇助者）も同じである。なお，共同不法行為の効果としての損害賠償債務は，連帯して賠償しなければならない。

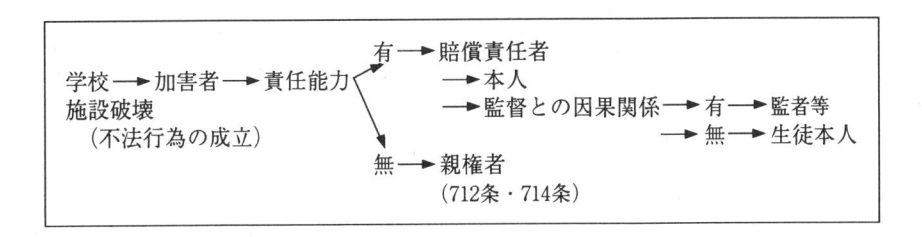

```
学校    →加害者→責任能力→有→賠償責任者
施設破壊              →本人
 (不法行為の成立)      →監督との因果関係→有→監者等
                                      →無→生徒本人
                  →無→親権者
                     (712条・714条)
```

Expand

7　学校事故から安全基準へ

　学校事故問題は，新たな局面を迎えつつある。すなわち，基本的な理念としての「子どもの安全権」，「安心して生きる権利」，「安心して学ぶ権利」のそれぞれの保障である。これまでも，学校事故問題はこの点を踏まえつつ考えられてきたが，より鮮明にこの視点で考えることが望まれてきている。これは，本書のテーマである「損害賠償法」とかけ離れるように見えるが，そうではない。まさに，From Now なのである。そのことを考えるには，学校の安全基準（Safety Standard）を定立しなければならない。そこで，これらの学校安全基準を考える視点をいくつか提示しておこう。

　① 　学校活動の安全基準　　これは，これまで述べてきた，学校事故の裁判例がその基準を提示してくれ，その法的根拠としては，民法709条である。

　② 　運営・組織の安全基準　　本書の大きなテーマである，組織責任の問題がそれにあたる。これには，防災・救急・防犯が問題となるが，組織責任の問題からは，学校の配置と規模（物的，人的），教育財政，労働条件の整備がなされているか否かが焦点となろう。さらに，

　③ 　施設・設備の安全基準　　これには，たとえば，老朽化した校舎，遊具等の耐用年数など，それらの維持・点検，設置が問題となる。それに関連する法律としては，国家賠償法（2条），民法（717条の工作物責任），建築基準法，消防法等である。

　そこで，こうした視点を踏まえつつ，これまでに出されてきた裁判例を参考に，この学校安全基準を考え，この安全基準を超えた場合，その損害賠償が問議される限界点をみる。

7.1　教育活動全般における安全基準

　学校安全基準を考えるには，一般的なそれと，具体的なものに区分できよう。一般的安全基準としては，心身の発達過程にある多様，かつ，多数の生徒を，

包括的，継続的な支配，監督の下に置き，生徒らに対し，その支配，管理している施設や設備を利用して，所定の教育計画に従った教育を施しているわけであるから，設置者としては，そのような特別の法律関係に入った者に対して生命，身体の危険が及ぶことのないように，その危険から保護すべき義務を負っている。

この一般論を前提に，具体的安全基準を措定することがなされる。では，具体的安全基準はどのようなものか。

7.2 正課授業と教師の安全基準

正課授業における教師の安全基準において，もっとも問題となるのが，体育の授業，特に，水泳，柔道等，常に生命の危険が伴うものについての安全基準を考える。

(1) 学校活動の安全基準

正課授業が，学校教育の中心をなしていることは言うまでもない。そこには，教師の児童，生徒等に対する安全を念頭に置き（危険の予見と回避）をする必要があろう。安全基準も，そうしたことを念頭に置き立てられる必要がある。それは，他の教育活動より高い安全基準が求められると思われる。したがって，事故が生じたケース毎（体育と，一般授業では自ずから性質も異なり，その安全基準も当然，異なる）にその安全基準を策定することになる。たとえば，水泳事故では，事前の指導，現場における指導と監視，事故時における救護が中心となろうし，理科実験中等においても，同様の安全基準が求められるが，また，特に，薬品の危険性・安全取扱いについては，指導安全基準，説明安全基準，生徒の監視基準等が問題となる。ただし，そこには，教育を受ける者の年齢を考慮する必要があることはいうまでもない。この点，生徒等に求められる自己責任については，過失相殺事例が参考となる。

具体的に見ると，水泳事故にみる体育授業の安全基準で，小学校の担当教諭には，やや解放的になる児童の心理状況をも考慮し，全体の児童の動静を絶えず確認し，安全確保のために十分な配慮を行うことが要請されるし，当然，生徒の能力に見合った適切な指導方法をとるべきである。また，逆飛び込みなど

を自主的に練習させるには，指導監督教諭は，逆飛び込みに習熟していない児童に対する指導監督をすべきであろう。さらに，水泳部顧問教諭には，当日の練習に立ち会う義務も課される。中学の柔道の授業担当教諭には，生徒の体力および運動能力，受け身の習得程度等を十分に把握して，これに応じた練習方法を選択するとともに，細心の注意を払って練習を行うべき注意義務がある。ただし，比較的年齢の高い高校生に関しては，たとえば，被害生徒は自己の判断で危険を回避できる能力があったこと等が考慮されよう。

　なお，理科実験において，教科書記載どおりのようにしなかった義務違反があるとするものがあるが，この点，教科書記載どおりの授業が安全基準になるのかは問題となろう。

　(2)　**運営・組織の安全基準**

　組織の問題は，学校事故では，特に，救急活動において問題となる（池田小学校の事件はその典型でもある）。たとえば，プールでおぼれた生徒に対しては，担当教師は，プールサイドの引き上げ後，意識喚起を行い，心臓マッサージや人工呼吸をしたのであるから過失があるとはいえないとされ，また，その後かけつけた教諭は，直ちに人工呼吸を行わなかったとしても，同時に行うことは困難であるから，過失はないとの判断が一つの基準を提示しているといえよう。

　(3)　**施設・設備の安全基準**

　施設面では，プールが，その水深が飛び込み台の真下において1メートル10センチであるのに，高さ40センチの飛び込み台が設置され，日本水泳連盟および日本体育協会が示した基準にさえ達していなかったことなどによって，どのような指導をしても飛び込み事故は回避できなかったとして，設置管理上の瑕疵があるとするものがあり，また，当該営造物の利用が，一定の限度にとどまる限りにおいては，その施設に危害を生ぜしめる危険性がなくても，これを超える利用により，利用者に危害を生ぜしめる危険性がある状況にある場合には，そのような利用に供される限り，営造物に設置管理上の瑕疵があるといえる。そのような意味で，これらの点に一つの安全基準が求められよう。

8　学校行事の安全基準

8.1　学校行事

　学校行事は学習指導要領における特別教育活動として，学校の教育活動の一環として行われるものである。その点は，正課授業中と同様の安全基準が求められる。ただし，教師等にとり，正課授業中における場合と異なり，一時的要素が強いことは既に指摘されており（伊藤進＝織田博子『実務判例解説学校事故』115頁），生徒の対応力，校外学習の場合の安全等に予測不能な部分がある。そうした点からは，事前の調査，計画，指導，事故発生時，発生後の対処等，どの程度すべきかが，安全基準となろう。

8.2　体育祭・運動会

　生徒に対し，教育を施す等の特別な社会的接触関係にもとづき，信義則上安全配慮義務を負い，校内学校行事の一つである運動会においては，履行補助者である担当教諭を通じて，十分な計画策定，適切な指示・注意，事故が発生した場合の対応等危険を防止し，生徒の安全を確保するための措置を講じるべき義務があるとする裁判例があり，具体的には，指導担当教諭に，説明，指導等をすべき義務，事故防止のための予め監視体制を整えておくべき義務があるとする。

8.3　修学旅行・遠足・登山

　何といっても，下見が重要となる。たとえば，修学旅行で，業者任せはできず，平均的な教職員として通常知り得る事情および修学旅行実施に際して学校が通常行うと期持できる事前調査により知り得る事情により行えばよいが，旅行業者の判断で代替させることはできず，学校独自の判断をすべきであるとの裁判例がある。

8.4　休憩時間，放課後

　本来，教師も休憩中でもあり，その間に生じた事故について，常に責任を負

わねばならないかは問題である。したがって，そこでの安全基準は，そうした時間において，学校，教師は，どの範囲まで責任を負うのかが，安全基準の目安となろう。したがって，教師の直接的な指導監督下にない時間，場所で発生する生徒間の暴行事件については，当該具体的な状況下で予見することが可能な範囲内で，暴行発生の危険性および切迫性を判断し，その程度に応じた指導,保護措置を講じれば足りる（中学）。また，高学年，特に，高校生の場合には，学校生活において通常発生することが予測可能な範囲内につき保護監督義務が認められるが，たとえ，所持品検査を実施していなくても，ナイフを用いての死傷事故においては，そこまでの保護監督義務違反は認められない。放課後について，教師が生徒に対して負う保護監督義務は，学校における教育活動およびこれと密接不離の関係にある生活関係に限られるが，その内容・程度は，教育活動の性質，学校生活の時と場所，生徒の年齢・知能・身体の発育状況等諸般の事情によって異なるが，何らかの事故の発生を予見しうる特段の事情がない限り，担任教諭等に教室に在室ないしは巡回させるなどして，生徒の自主勉強に立ち会わせ，これを監視すべき義務はない。

8.5 課外活動

課外活動は学校教育の一環である。したがって，正課授業と同様，児童，生徒に対する安全を期すための義務を校長，教師等は負っている。したがって，そこでの安全基準の策定のためには，課外活動体制（整備），計画，指導方法，立会，監視，事故後の処置について策定する必要がある。さらに，課外活動の施設の不備についても同様である（危険防止板など）。

9　その他の安全基準

9.1　体　罰

今日，もう一つの大きな問題は，体罰である。学校教育法は，懲戒行為を認めつつ，学生，生徒，児童に対し体罰を一律に禁止している（同法11条）。そこで，この懲戒行為と体罰との限界をどうみるかであるが，基本的には，体罰は認められない。

9.2 けんか・暴行・いじめ類型

けんか・暴行・いじめは，その差異において紙一重の問題と考えられた時期もあった。しかし，今日では，いじめは，一時より減ったと言われているが，その実態について最近の報道（文科省2002年12月24日公表＝ http://www.mext.go.jp/b_menu/houdou/index.htm）では，文科省に報告のあったのは，2万5,037件で，昨年度に比べて，19％減であるという。これは1996年度から6年連続の減少であり，小中高を通じて，冷やかしや，からかいが最も多く，学年が上がるにつれて暴力，言葉の脅し，たかりが増加する傾向にあるという（朝日新聞2002年12月25日朝刊）。

ところで，暴行，けんかとは異質な面を有していることに留意して，その安全基準を考えなければならない。しかし，その行為が行われる場所が，必ずしも学校現場とはいえず，また，その態様もさまざまである。これを，一律に，教師等の注意義務違反であるとすることは難しい。そもそも，学校教育活動に内在する危険か否かも問題である（一般には肯定的に解されている）。したがって，そもそも学校の教育活動と密接な関係から生じたか否かが検討される必要があろう。また，加害生徒の親の責任も問題とされていることから，その棲み分けも問議されると思われる。以上，いじめ等に関する安全基準の策定は，今日の学校事故関係問題において，やっかいといえる。一つの基準は，「予見性」の有無ではないかと思われる。

9.3 学校給食の安全基準

学校給食は，学校教育の一環として行われ，児童側にはこれを食べない自由が事実上なく，献立についても選択の余地はなく，調理も学校側に全面的に委ねられている。また，学校給食が直接体内に摂取するものであり，何らかの瑕疵等があれば直ちに生命・身体に影響を与える可能性がある。さらに，学校給食を喫食する児童が，抵抗力の弱い若年者である。こうした点を考えると，学校給食の安全性の瑕疵によって，食中毒を始めとする事故が起きれば，結果的に，給食提供者の過失が強く推定される。

また，今日深刻な問題となっている食物アレルギーに関し，たとえば，そば

アレルギー症の重篤さと，給食でそばを食べさせないことの重要性およびそばを食べさせることでの事故を予見し，結果を回避することは可能で，担任教諭には過失があり，教育委員会には，学校給食の提供に当り，そばアレルギー症の発生に関する情報を現場の学校長をはじめ，教諭ならびに給食を担当する職員に周知徹底させ，事故発生を未然に防止すべきであるといえる（札幌地判平4・3・30判時1433号124頁）。

9.4　学校開放の安全基準

ＰＴＡ事業として行われたプール開放に参加した町立小学校の5年生徒が，同校に設置されたプールで遊泳中に排水口に吸込まれて溺死した事故において，県は，関係法規上，県教育委員会が，市町村に対し，教育事務の適正な処理を図るため，あるいは学校における保健・安全に関し，必要な指導，助言，援助を行うものとされている。

具体的には，県は，町に対し，学校プールの安全に関し，必要な指導等を行い，プールの排水溝の蓋をボルト等で固定する措置を要求する通知を伝達するなどの措置を講じておれば，町に対する指導等に関して，違法性はない（静岡地裁沼津支判平10・9・30判時1678号123頁）。

コラム

電気カンナは公の営造物か

　　公の「営造物」とは，行政主体により，公の目的に供用されている，有体物および物的施設等をいう。教職員のような人的施設といえるものは含まれない。学校の校舎もこれにあたる。では，学校の物的施設といえる電気カンナはどうか。電気カンナは以上と異なり動産であることから，これに含まれないともいえる。しかし，通説・判例は動産も含まれるとし，飛込台・朝礼台・石炭ストーブ等を，公の営造物にあたるとする。

> プールは土地の工作物か

　私立学校の学校施設による事故の場合,「土地の工作物とは」が問題となる。通説・判例は, 土地に接着して人工的に作業を加えることにより成立した物をいう。判例は, 遊動円木・金網塀, そしてプールも工作物にあたるとする。
　問題は, 公の営造物では認められている, 動産である。裁判例は, 土地上に置かれているものについて認めた（プロパンガス容器）ものがあり, ボールとかバットは肯定できないが, 朝礼台等は認定されるものと思われる。

> **取引的不法行為**
> 　自由主義経済社会での取引では自由競争が常に承認されなければならないが,「取引関係」が自由競争を逸脱した態様で侵害された場合に, 不法行為責任としてとらえる考え方。「取引関係」の経済的価値が重要と考えられるようになり, そうした関係への侵害に対し救済措置を講じるべきであるという認識が高まったことによる。しかし, 契約関係が認められる場合については, 契約法理で解決すべきではないかとの批判もある。
>
> ◆損害賠償法用語ミニ辞典◆

第10講　名誉毀損・プライバシー侵害

Case 11　Aは，現在は有名作家となったBと，以前一緒に生活をしていた。その後10年たってから，その当時のA自身の生活について，ほぼAだと分かる名前を用い，Aの世間に知られたくない事柄を書いた小説を発表した。Aはたいへん不快である。AはBに対して損害賠償を求められるか。

Introduction

1　名誉とプライバシーの意義と侵害に対する救済手段

　名誉とは，「各人カ其品性徳行名声信用等ニ付キ世人ヨリ相当ニ受クヘキ声価」（大判明39・2・19民録12輯226頁）をいい，人格的価値の社会における承認あるいは評価である。名誉感情の侵害とは異なる。名誉侵害の主体には，自然人はもとより，法人にも認められる（最判昭39・1・8民集18巻1号136頁）。そこで，名誉が毀損されると，不法行為が成立し（709条），被害者は，精神的侵害に対する慰謝料（710条）を中心とする損害賠償請求ができ，さらに，名誉回復のために適当な処分を求めることができる（723条）。

　他方，プライバシーとは，通説は，「静かに放っておいてもらう権利（Right to be let alone）」と定義されている（堀部政男『現代のプライバシー』10頁によると，アメリカのウォーレンとブラインタンスが1890年に「プライバシーの権利」——なお，同論文は，戒能・伊藤編『プライバシーの権利』1頁以下に翻訳がある——という論文のなかで初めて定義したとされる）。

　ところで，プライバシー侵害が，不法行為法における保護法益に当たるか否かについては，議論がある。多くの論者は，生命・身体・名誉・肖像などと総括的に人格権として容認される法概念に含まれ，それ自体独立の権利性をもつ

ということができるという（注釈民法⑲〔五十嵐清〕182頁以下，前田『民法Ⅵ₂』(不法行為法) 102頁，五十嵐・田宮裕『名誉とプライバシー』19頁）。したがって，プライバシーが侵害された場合にも，不法行為が成立し損害賠償請求をすることができる。わが国で，その点を認めたのは小説「宴のあと」事件における東京地裁の判決が最初である（東京地判昭39・9・28判時385号12頁）。それによると，プライバシーの権利とは，「私生活をみだりに公開されたくないという法的保障ないし権利」と定義する。その後，数多くの裁判例が現れている。

さて，プライバシー侵害と，名誉毀損とは，多くの場合，表裏の関係にある。ただし，以下の点にその差異がある。すなわち，名誉毀損では，その者の社会的評価の低下が要件となるが，プライバシー侵害ではその点は不要である。また，前者では，原則として，謝罪広告等による原状回復が認められるが，後者では認められないという点である。しかし，これらの差異については，有力な反対説がある。

なお，名誉・プライバシー侵害に対して，差止請求が認められるべきか，また，認められるためには，どのような要件が必要かは問題である。

2　諸外国における状況

ドイツでは，人格権侵害の損害賠償の方法としては，原状回復を原則としつつ（ド民249条），通説・判例は，侵害行為以前への回復不能の場合，被害者の受けた財産的損失の賠償が不十分である場合には金銭賠償を認める。それ以外に，妨害予防請求権が認められている（三島宗彦『人格権の保護』51頁，斉藤博『人格権の研究』291頁，椿寿夫・右近健男編『ドイツ不当利得・不法行為法』82頁以下特に85頁以下）。謝罪広告等につき，通説・判例は，必要の限度を超えるものとして認めていない。ただし，原状回復処分として，名誉侵害を生じさせた言説の取消，裁判所による名誉回復宣言が認められている（宗宮信次『名誉権論』162頁）。慰謝料額については，100万円〜250万円程度である（斉藤・前掲349頁）。

フランスでは，財産的損害，精神的損害について損害賠償請求権が認められる。判例では，妨害排除請求権を肯定するものがある（三島・前掲93頁）。謝罪広告等は，個人を無視するものとして否定されている。しかし，金銭賠償に代

え，取消広告または，債務者の費用をもって判決を公表することが認められ，また反論掲載請求権を認めている（1881年法13条，山口俊夫「反駁権」現代損害賠償法講座2・279頁）。

　イギリスでは，名誉毀損によりその職を失ったといった場合のような，物質的損害としての「特別損害」，名誉毀損自体より発生したと推定される損害としての「一般損害」，悪意の名誉毀損に対して科される「懲罰的損害」の損害賠償が認められている。さらに，法的免責理由がなく，名誉毀損を構成することが明白な場合には，「差止命令」が認められている（河原俊一郎「英米法における名誉毀損」法律時報29巻5号27頁以下）。

　諸外国の損害賠償額をみると，わが国に比べ諸外国のそれは巨額である。その理由は，英米における名誉の法益が高く評価されていること，また，陪審制度によるのではないかと思われる。他方，わが国では多く認められている謝罪広告は否定されるものが多い。なお，1952年には，名誉毀損法（The Defamation Act 1952）が制定された。アメリカでは，イギリス法とほぼ同様であるが，差止命令は限定的であるとの指摘もある（伊藤他編『プライバシー研究』）。

Issues

3　損害賠償の特殊性

　不法行為によって生じた損害は，財産的損害であれ，精神的損害であれ，金銭で評価して賠償されることとなる。名誉毀損に伴う救済方法も，他の不法行為と同様，金銭賠償による（722条1項）。名誉毀損ならびにプライバシー侵害による被害者の被る損害は，主として，精神的損害（慰謝料）である。事例は，少ないが，財産的損害についても認められることはいうまでもない。裁判例によると，共同絶交により，他の土地への移転を余儀なくされた場合の，移転費用ならびに，収入の減少分について（熊本地人吉支判昭45・3・24時報599号72頁），また，名誉毀損訴訟のためにパートを雇い入れた費用・仮処分代等が認められたものがある（東京高判平7・11・29時報1557号52頁）。

3.1　慰謝料とその算定基準

　名誉毀損・プライバシー侵害の救済手段として，もっとも重要な機能を果たしているのは，「慰謝料」である。これまでに現れた裁判例のすべてにおいて慰謝料の請求が行われている。慰謝料の算定にあたっては，加害の動機，態様，加害者・被害者双方の身分，社会的地位，財産その他一切の事情を斟酌して裁判所が公平の観念に従い，自由裁量により定められる（田中康久「慰謝料の算定」現代損害賠償法講座7・253頁）。なお，慰謝料に懲罰的性質があるか否かについては，議論があるが，反社会性の著しい名誉毀損行為には認めてもよいとの見解もある（竹田稔『名誉・プライバシー侵害に関する民事責任研究』153頁）。

　慰謝料算定の基準としては，前記に掲げたように，加害の動機，態様，加害者・被害者双方の身分，社会的地位，財産その他一切の事情を斟酌してなされるが，判例に現れたところでは，加害行為の動機，態様，違法性の強弱を特に斟酌していると思われる。

4 その他の救済手段

4.1 謝罪広告

わが国では諸外国とは異なり，名誉侵害の被害者を救済する方法として，慰謝料のような金銭賠償以外に，「名誉を回復するに適当な処分」を命ずることができる旨定めている（723条）。その多くは，今日，いわゆる「謝罪広告」という形態をとっている。

(1) 適当なる処分とその方法

名誉を回復するについての適当なる処分は，事案ごとに判断される。しかし，実際には，ほとんど謝罪広告が利用されている。謝罪広告以外の方法としては，肯定されたものとしては，①取消記事が認められた事例（東京地判昭39・10・16下民集15巻10号2464頁），②取消広告が認められた事例（大阪地判昭43・7・30時報528号15頁），③氏名侵害に対しては，名称の使用禁止というかたちで，差止めが認められた（岡山地判昭38・3・26下民集14巻3号473頁）ものがある。

事案としては否定されたが，問題となったものとして，謝罪文の掲示（高松地判昭32・11・7不法行為下民集昭和32年度（下）745頁，最判昭45・12・18民集24巻13号2151頁）。さらに，ラジオでの謝罪放送を請求したもの（東京地判平2・8・27判タ751号168頁），謝罪文の交付（京都地判昭45・8・27時報614号81頁），謝罪文の郵送（大阪高判昭61・8・28時報1219号72頁）がある。また，「判決の結論の広告」を求めたものがある（東京地判平4・3・27時報1424号72頁，その控訴審東京高判平4・12・21時報1446号61頁，いずれも否定）。

その他に考えうるものとしては，ドイツの新聞法において認められている「訂正文の掲載請求」がある（三島・前掲52頁）。

反論権（反駁権）については，日本共産党が自民党の意見広告を掲載した新聞社に対し反論権を主張したが認められなかったもの（最判昭62・4・24民集41巻3号490頁），自己の著作を批判する記事を掲載した雑誌に，反論文の掲載を求めたが認められなかったものがある（東京地判平4・2・25判タ784号84頁）。

なお，謝罪広告が憲法19条との関係で，合憲であるか否かについては最高裁において初めて取り上げられ，その合憲性が認められている（最大判昭31・7・4民集10巻7号785頁）。

(2) 謝罪広告の必要性とその要素

謝罪広告は，一般には，新聞，雑誌等，広く読者に供する出版物に掲載するため，被告側に不利益を与えることとなる（その点から，フランスでは，個人を無視することになるとして，謝罪広告を否定している）。謝罪広告により，新たに生ずる不利益と，それによって回復される利益との比較考量が重要となる。裁判所の考え方としては，侵害された限度において謝罪広告が認めればよいとするのであろう。

ところで，近年の傾向を見ると，謝罪広告を請求しても，裁判においてはこれを認めないものが多くなってきていることである。その理由の多くは，損害の回復は金銭をもって足りるとするものが多い。特に，名誉毀損事件も事件報道との関係が多く，容疑者・被疑者の名誉の場合，再度，一般の人に，その事件を想起させることとなる点も考慮の対象となっている。

以上の一般論を前提に，謝罪広告が認められた場合についての要素について検討しておこう。

(ア) **名誉毀損行為と時日の経過と謝罪広告**　謝罪広告の時期が，事件の発生した日より隔絶したという場合には，改めて，過去の事件を呼び起こし，被害者に不利益となる場合も考えられる。名誉毀損後，時日の経過した場合は，謝罪広告の掲載には限定的である（高知地判昭60・12・23判時1200号127頁（7年の経過），京都地判昭60・7・12判タ567号222頁（3年以上経過），静岡地判昭56・7・17時報1011号36頁（3年以上経過））。

(イ) **名誉毀損の現在における残存性の必要**　謝罪広告によるより前に，他の方法により，真実または，正確な報道が後日なされた等の事情ある場合には，認められない（旭川地判昭56・9・3判時1040号85頁は，週刊誌の領布販売が禁止の仮処分が出されている点，その後，被害者が，国会議員に当選していること等を理由として，謝罪広告の必要性を認めていない。その他として，大阪高判昭29・12・25下民集5巻12号2106頁がある）。

(ｳ) **違法性の軽微とされる場合と謝罪広告**　文書の配付先が限定的であるとか，発行部数が少ない等，違法性の軽微な場合には，謝罪広告は否定されている（発行部数が920部で，かつ，書店を通じて一般読者に販売されたものがほとんどない場合である。その他として，熊本地判昭56・1・21労働判例360号70頁，東京地判昭61・4・28時報1189号108頁等がある）。

4.2　謝罪広告と損害賠償

謝罪広告による名誉回復処分と金銭賠償（慰謝料等）とを併せて請求しうることは当然であるが，裁判例には，損害賠償を認めることで十分であり，謝罪広告の必要性を認めないものもある（大地判昭59・7・23判タ539号368頁，横浜地判昭60・3・29判タ556号166頁）。また，珍しいが，謝罪広告のみを認め，損害賠償を認めなかったものもある（東京高判昭56・12・21判時1035号56頁）。

4.3　反論掲載請求

前述したように，わが国においては，この反論掲載請求が認められたものはない。その理由は，憲法21条の予定する反論の自由は，私人相互間の関係を直接規律するものではないこと，ならびに，金銭賠償を原則とするわが国の不法行為法になじまない等が掲げられている（東京地判昭52・7・13判時857号30頁）。

4.4　差止請求の可否

わが国において，名誉侵害の問題を生じている大半が，新聞，報道等言論の自由との関係が問題となることから，差止めについては，裁判所は大変慎重である。しかし，近年，最高裁判所は，人格権としての名誉権が物権の場合と同様排他性を有する権利であることから，加害者に対して，現に行われている侵害行為を排除し，または将来生ずべき侵害を予防するために，侵害行為の差止めを認めることができるとの判断を示しているのが参考となろう（最大判昭61・6・11民集40巻4号872頁──北方ジャーナル事件上告審）。

第11講　損害賠償とＡＤＲ

Case 12　Aは先日，一方的に加害者Bの過失による交通事故に遭った。加害者は，最初は，ていねいな対応で，被害を補償するといっていたが，そのうちに，電話にも出なくなった。こうした場合，Aは，どうすれば，損害賠償を確保できるのか？

Introduction

1　私的紛争解決とＡＤＲ

　私的紛争の解決には正否の判断とその判断にもとづく結果の実現という二つの面がある。たとえば損害賠償責任を負う者がこれを任意に履行しない場合，裁判所に訴えて強制的に履行させることができるが，その前に，当事者の話合いによる解決が考えられる。
　私的紛争を解決するにあたって，当事者間の話合いが可能な場合と不能・困難な場合のそれぞれのケースを図式化すると下図のようになる。

【私的紛争解決のＡＤＲ】

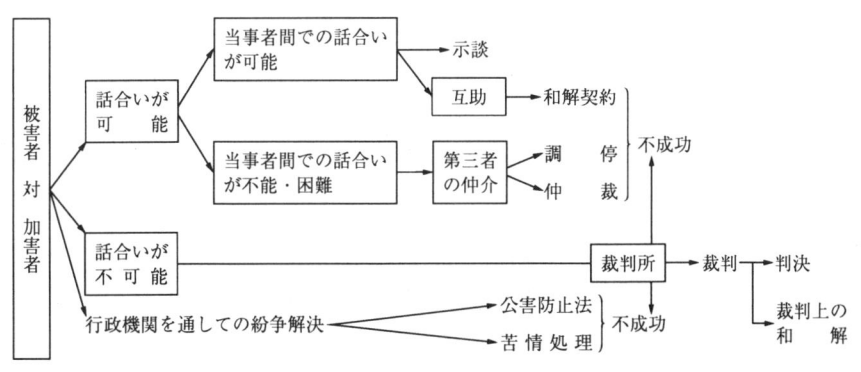

```
                    ┌─ 当事者間での話合い ──→ 示談
                    │   が可能            ┌─ 互助 ─→ 和解契約
         ┌ 話合いが ┤                     │
         │  可能   │                     │        調  停  不成功
被害者   │        └─ 当事者間での話合い ─ 第三者 ─┤
  対    ─┤           が不能・困難        の仲介   仲  裁
加害者   │                                              
         │                                  ┌─ 裁判 ─→ 判決
         └ 話合いが ──────────────────── 裁判所         裁判上の
            不可能                         └── 不成功   和　解
                                   ┌─ 公害防止法
         行政機関を通しての紛争解決 ┤
                                   └─ 苦情処理
```

民事上の紛争解決は，最終的には裁判という形によることとなるが，これには大変な労力と費用・時間がかかる。とくに，企業による不法行為にもとづく損害は，被害者に深刻かつ，重大な被害をもたらしていることが多いので，早急に被害の救済をはかることが必要となる。そこで，今日，自動車事故等による損害賠償請求について，いわゆる「示談」という形による解決がはかられることが増えている。示談とは，裁判のような第三者機関による解決ではなく，加害者と被害者という当事者の合意にもとづく「私的」紛争解決の方法をいう。

1.1　示談と和解

　民法上，「和解」(695条・696条) という制度があるが，民法上の和解は，当事者双方の互譲による解決をいう (695条)。これに対し，示談は，当事者双方が互いに譲歩するということなく，ただ不明確な法律関係の内容を確定しようとする場合に使われている。したがって，こうした示談は，和解類似の無名契約といえる。

1.2　示談と仲裁

　仲裁とは，当事者の合意にもとづき（仲裁契約という），当事者以外の一人または，数人の仲裁人に争いの判断をさせ，その判断にたとえ当事者が不服であったとしても従うとする制度である。したがって，当事者の互譲をその内容とする和解契約とは異なり，当事者の納得が得られなくても紛争の解決を強行するという制度といえる。なお，調停と同じく仲裁契約も，文書に記載され，確定判決と同一の効力がある (民訴法799条・800条)。

1.3　示談と錯誤

　示談の際に錯誤があった場合，当然に民法95条により無効となるわけではない。たとえば，互譲により決定した事項等については錯誤無効の規定は適用されない。しかし，争いの対象である前提ないし基礎として，なんらの疑いもない事実として予定された事項に錯誤があった場合（自分が加害者でなかった）などは，錯誤による無効を主張できる (通説・判例)。

1.4 示談と後遺症

示談成立後に，予期しなかった重大な症状の悪化（後遺症・後発症）があった場合で，実損害と示談額の間に著しい差を生じたとき，その示談契約は，どうなるか。判例の言葉をかりると，全損害を把握しえない状況下において，早期の解決をはかるためになした示談は，「示談当時予想していた損害についてのみと解すべきであって，その当時予想できなかった不測の再手術や後遺症がその後に発生した場合，その損害についてまで（先の示談により）賠償請求権を放棄したものと解するのは，当事者の合理的意思に合致するものとはいえない」（最判昭43・3・15民集22巻3号587頁，〔判評〕栗田哲男・別冊ジュリ11巻3号150頁）といえ，被害者の救済をはかるべきであろう。

2 調 停 制 度

2.1 和解と調停

「和解」という当事者の話合いによる方法が，私的紛争の解決の仕方として望ましい方法であるが，これは，私法上の契約の一種であるから，どのようなかたちで紛争に決着をつけるかについてなんらの制約はない。そこで，国家としても，これを受動的に待っているだけではなく，和解の成立に積極的に協力し，和解の成立に向けて促進するという態度が望ましいことはいうまでもない。調停とは，こうした和解の成立を促進することに国家機関（民事調停法・家事調停法による調停委員会）が関与し，一定の手続を用意することによって，その成立を援助し，協力する制度をいう。

2.2 調停の目的

調停は，国家機関の関与する紛争解決方法であるが，あくまで当事者の自主的かつ互譲による解決であることにはかわりない。したがって，調停の目的も，条理にかない，実情に即した解決をはかることにあるから，裁判のように，法を基準として解決をはかるとか，一定の資格をもっている者によってしかなしえないとかの制約はない。

2.3 調停の強制力

調停は，国家機関が関与するという点に特徴があるから，まったく公権力の発動がないかといえばそうではなく，調停の呼出には出頭義務が生じるし，それに応じない者には，一定の過料が科されたり，調停前の措置として，一定の事項の命令を発したり，義務の履行を勧告したりすること等がある。したがって，単なる調停より，少しは強制力があるともいえる。それは，調停による解決（合意）の効果が，裁判上の和解と同一の効果，すなわち，確定判決と同一の効果が与えられている点にもあらわれている（民事調停法16条・31条2項）。

これに対して，調停といえども当事者の合意にいたらない場合は，私的紛争の解決に成功しないことになる。ここに，自主的な私的紛争解決方法としての調停制度の限界があるといえる。

3 仲裁制度

3.1 仲裁制度の意義

調停制度と似て非なるものに仲裁制度がある。これは，調停制度と和解が当事者の互譲と納得による解決を建前としているのに対して，当事者の納得が得られなくても紛争の解決をはかるという制度である。すなわち，当事者以外の一人または数人の仲裁人に，当事者の合意を得て（仲裁契約という），争いの判断をさせて，その結果にもとづき，たとえ当事者が不服であったとしても争いを解決するという方法である。

3.2 仲裁制度の利点

仲裁制度の利点は，①手続が弾力的である，②判断基準が法に拘束されないことから，実情に即した解決がはかられる，③当事者の合意にもとづく仲裁契約によることから，以後，感情的なしこりを残すおそれが少ない，等である。

Issues

4 自動車の強制保険と任意保険

現在，自動車対人賠償保険は，強制保険である自賠責保険とその上積み保険としての任意保険との二本立になっている。

4.1 自賠責保険のしくみ

自賠責保険は，自動車の運行によって人の生命または身体を害した者が賠償責任を負担した場合に，保険金を支払って被害者を救済する制度である。

(1) **付保強制**

車の保有者と運転者が被保険者となり，車ごとに付保強制される。保険の利益の受給者は，その車の運行支配と運行利益が帰属することによる。

(2) **直接請求権**

被害者が保険会社に対し直接的な賠償額支払請求権がある。被害者の迅速・確実な救済のためである。

(3) **無過失責任性**

運行供用者に事実上の無過失責任が課され，事故が発生した以上は賠償責任を免れることはできない。

① 過失相殺も一般の場合に比べて被害者側に有利に適用される。

② 強制加入であるため，保険会社が儲けすぎないよう保険料率が低く押えられ，また政府が責任保険の保険金額の60％について再保険を引き受けている。

③ ひきにげ・無保険車の事故に対処するため，政府が代替賠償する。任意保険への影響を考えるあまり，自賠責保険の保険金額が低目に押えられてきたという問題もあるが，これまで30年間にわたり自賠責保険が果した役割は絶大であり，この制度がなかったと仮定したら多くの交通遺児の家庭がもっと悲惨な状況に追い込まれていたはずである。

被保険者が保険金を請求するには，事前に示談，調停または判決により責任額が確定し，しかも被保険者が先に被害者に賠償金を支払うことが必要であり

（自賠法15条），それ以前に保険金を受け取ることはできない。これは，被保険者が先に保険金をもらうとこれを被害者の救済に当てないで他に流用する危険があるので，このような不当な結果を避けるためである。

4.2 任意保険

任意保険の内容は，対人賠償，対物賠償，自損事故，無保険車傷害，搭乗者傷害，車両保険等，複合的になっている。

(1) 任意保険により填補される範囲

任意保険の対象の主となるのは対人賠償である。被保険者が被害者に対して負担した損害賠償責任額のうち自賠責保険で支払われる額を超過する部分についてのみ保険金額の限度において填補するもので，いわば自賠責保険の上積みである。またもし，事故車が自賠責保険に入っていないというような場合には，仮に自賠責保険がついていればそれにより支払われるべき金額を超過する部分についてだけ任意保険金が支払われる。

自賠責保険では，夫妻，親子間の事故についても保険金が支払われるが，任意保険では，被保険者または被保険自動車を運転中の者の父母，配偶者，子に対する賠償責任は保険の対象外となる。

(2) 任意保険の免責事由

任意保険の免責事由は，自賠責保険と同じく，保険契約者，記名被保険者またはこれらの者の法定代理人の「故意」による事故（重過失は免責の対象とはならない），自損事故，無保険車傷害，搭乗者傷害である。また，保険品目により免責されるものとされないものがある。車両保険では，無資格運転，酒酔運転，覚せい剤使用による運転が免責とされる。対人・対物賠償保険では被害者保護のために免責事由とはならない。

5 新しい被害者救済制度の必要性

さまざまな事件・事故から生ずる損害を填補するには多くの金銭を必要とする。また，そのために拠出された基金を，どのように配分するのかも問題となる。しかも，加害者の資力が結局は問題となること，被害者の逸失利益，慰謝

料の高額化は，今までの解決方法ではもはや無理が出てきているといえよう。そうした状況を解決するには，危険の負担を分散化する必要がある。それが保険制度である。一人の負担が少なくても可能だからである。このような考えと状況により，今以上の被害者の簡易・迅速な救済を図るためには，責任保険以外のさまざまな被害者救済制度の多様化を必要としよう。

　それには，被害者救済制度の合理性の判定基準をどこに置くかであろう。合理性の判断基準としては，①被害者が十分な補償を迅速確実に受けることができるか，②賠償資金の分担が合理的であるかどうか等に加え，③システム運用の効率がはかられているかどうか，であろう。

　そうした基準から現在考えられるものは，基金制度である。基金制度は，賠償責任を負う可能性がある場合，法律により事前に，賠償措置を準備することを義務づけ，事業者が基金を設立して，各自が売上高にスライドした額を基金に拠出し，万一事故が発生したときは，基金が特定の事業者に代って被害者の救済にあたる制度である。

　ただし，これにも問題がないわけではない。まず，基金の分担者の範囲である。その範囲が狭いと賠償基金が少ないため，救済されるべき被害者が救済されないことになる。そのためには，制度として参加強制を採用し，同時に基金への拠出金の払込みを確実にする工夫が必要である。現在ある基金としては，医薬品副作用被害救済基金（昭和55年5月1日）がある。

　なお，こうした基金，保険の制度による救済は，結局，保険会社がどの程度，ゆるやかに保険金を支払うかによって，被害者の救済の程度が大きく左右される。しかも，通常，裁判外での事件処理のため，保険会社の保険金支払担当社員が保険金を支払うか否か，いくらの額を支払うかの実権があり，保険会社の社員の事務処理が，裁判官・弁護士等の裁判に関与する人々の活動と同じ程度に重要な社会的作用をもつことになり，法律以外の問題がある。

Expand

6 特別のADR

以上のような司法機関等による解決に対し，行政機関が関与するADRもある。

6.1 公害紛争処理法による紛争処理
(1) 公害紛争処理法の概要

公害紛争処理法は，公害に関する紛争を迅速かつ適正に解決することを目的とした法律である。その内容は，中央に公害等調整委員会を設け，都道府県に都道府県公害審査会を置き（組織は条例による）公害に係る紛争のあっせん，調停，仲裁及び裁定を行うことの手続を定めている。

公害等調整委員会と都道府県公害審査会との違いは，2つ以上の都道府県にわたる広域的見地から解決する必要がある紛争を公害等調整委員会が扱い，その他のものを都道府県公害審査会が扱う。また，その解決方法の1つである「裁定」は，公害等調整委員会のみに与えられている。

(2) 公害紛争の処理手続とその特徴

公害等調整委員会による紛争処理は，当事者の一方または，双方の申請により開始される（公害紛争処理法26条1項）。この申請には，斡旋，調停，合意による仲裁の申請をする。

① 「斡旋」は当事者間での自主的な和解への方向にもっていくため3人以内の委員により助言，援助，調整等を行うことである。ときには，いわゆる斡旋案を提示することもある（同法28条以下）。

② 「調停」は，3人の調停委員によって構成される調停委員会により，一定の手続の下になされるものである。斡旋と比べより形式的でもあり，非公開でなされることもあって（同法37条），簡易かつ迅速な解決方法といえる（同法31条以下）。

③ 「仲裁」は，当事者双方の合意にもとづき，3人の仲裁委員からなる仲

裁委員会に紛争処理の判断をさせる紛争解決方法である。この仲裁による判断がなされると民事訴訟による解決は排除され，その判断は，確定判決と同一の効力をもつこととなる。

(3) 公害等調整委員会の「裁定」による解決

公害等調整委員会には，「裁定」を行う権限が与えられている。「裁定」とは，公害をめぐる紛争について被害者からの申請（同法42条の12・42条の27），または職権によって，3人または5人の委員から構成される裁定委員会によりなされる解決方法で，ここで出される判断は，法律判断である。したがって，この方法がとられるのは「斡旋」，「調停」，「仲裁」というような当事者の合意を基礎とする解決方法をとることがもはや不可能である場合ということになるであろう。ところで，公害等調整委員会による裁定には，損害賠償に関する裁定（原因責任裁定という；同法42条の22）と，被害の因果関係に関する裁定（原因裁定という；同法42条の27）とがある。

① 責任裁定は，被害者の方からのみ申請でき（同法42条の12第1項），損害賠償額が明示される。もし，この裁定に不服がある場合には，裁定の取消を求めることはできないが，民事訴訟に訴えることができる。そして，裁定書が当事者に送達されてから30日以内にこうした訴えの提起がない場合，または，その訴えが取り下げられたときには，当事者間に示された責任裁定と同一の合意が成立したものとみなされる（同法42条の20）。

② 原因裁定は，当事者において原因関係を明確にすることで紛争の解決が当事者において容易にできる方法である。なお申請当事者は，被害者，ならびに加害者とみられる者双方からでき，裁定委員会において必要のあるときは自ら事実の調査をすることもできる。

(4) 都道府県公害審査会による紛争処理手続

都道府県公害審査会による紛争処理には，当事者の一方または双方が都道府県知事を経由し申請する場合（同法26条），公害等調整委員会からの移送による場合（同法25条），職権による場合（同法27条の2・27条の3）がある。その紛争処理手続は②による。

6.2 地方公共団体等における苦情処理制度

消費物資について欠陥等があった場合，苦情の処理にあたる機関がある。その名称は一定していないが，消費生活センターとか，消費者センターとかいっている。こうした機関の設置者はさまざまで，多くは地方公共団体が設けているが，業界においてもこうした機関を設置しているところがある。さらに，消費者団体（日本消費者連盟，主婦連合会等）も苦情処理活動を行っている。ここでの活動は，受け付けた苦情について，その内容を公表したり，業者との間の紛争処理の仲介の労をとったりすることにある。

6.3 被害者の救済資金の確保による紛争の解決

被害者が完全に救済されるためには，救済に必要な資金を手当てしておく必要がある。そこで，こうした救済に必要な資金を確保し，その履行を確実なものとするため，国においても被害補償制度を設けている。国として，「公害健康被害補償法」がある。同法は，相当範囲にわたる著しい大気汚染・水質汚濁による健康被害の損害を塡補するための補償制度を規定している。また，薬品については，「医薬品副作用被害救済基金法」が制定され，製薬業者等の拠出金と政府の補助金からなる基金が設立され，被害者への医療費，障害年金，遺族年金等の給付を行っている。これらは，民事上の救済を求める際に生ずる困難（過失・因果関係等の証明）を除去し，それをもって，紛争の早期の解決をはかることを目的としている。

7 責任保険制度

7.1 責任保険制度の必要性

われわれの生活には，不可避的に生ずる事故もある。また，人間の注意力には限界があるので，いくら努力しても事故をゼロにすることはできない。したがって，いくら注意しても不可避的に生ずる事故に備えて，被害者の救済を迅速かつ確実にできるようにすることが必要である。しかし，加害者に損害賠償を支払うべき資力がなければ，被害者は実際には救済されないことになる。また，個人としての加害者や，公害・薬害・食品中毒事件においての企業にとっ

ては，一時に多額の賠償金を支払うことになり，個人ならびに企業が行き詰まるという，大きな影響を与えることにもなる（そこで働く従業員の雇傭の面でも問題となる）。たとえば，個人では自己破産，一家離散，企業では賠償倒産等が生ずる。そこで，そうした賠償危険の分散としての何らかの方法が必要となる。その場合，最も合理的なのは，加害者になるおそれのある者が集って賠償基金を集め，事故が発生した場合にはそこから賠償金を支払うことにして，被害者の保障を確実にするとともに，賠償責任を分散させようと図る方法である。これが責任保険制度である。

7.2 責任保険制度の利点と問題

責任保険制度の利点は，第1に，被害者が，たとえ加害者に賠償の資力がなく，銀行からの融資も受けられない場合であっても保険金で救済されることである。つまり，保険料を払い責任保険に加入しておけば保険金で賠償責任を履行することができ，被害者の救済が迅速かつ確実に行えることになる。第2に，責任保険は被害者の利益になるだけではなく，加害者自身の利益にもなる。すなわち，加害者は保険料さえ払っておけば，被害事故発生に際して，多額の賠償金の負担を免れることができるからである。このように，責任保険は，被害者の利益と加害者の利益とを同時に実現する合理的なシステムといえる。

さらに，より一層の効果をあげるためにこれを強制しようとする場合もある。自動車損害賠償保障法による強制責任保険制度はこの例である。

ただ，この保険制度について考えなければならないのは，いくつもの保険責任が生じた場合にどちらの保険責任でいくべきか，たとえば医療事故の一例でいえば，医者の方の責任保険の方へ行くとそれは薬のせいだといわれ，薬の方へ行くと医療の過誤だといわれるというように，どちらに行っても救済を得られないおそれがあるので，どこへ行くべきかを決定するものが必要になるということである。

第12講　From Now　損害賠償法

1　インターネットと損害賠償

　今日のIT関連発達には目に見張るものがあると同時に，これなくしては生活できないような状況になりつつある。そうした状況下において，これらの利便を受けつつ，しかし，そこに新たな問題が生じてきている。まだ，裁判になるものは少ないが，以下，裁判になったものを例示し，今後の検討課題とする。

1.1　ネット利用者と名誉毀損・プライバシー侵害

　パソコン通信網（**パソコン通信網PC－VAN**）に加入している会員が，他の会員が他人のIDを不正使用した疑惑がきわめて濃厚であるとの発言（「多分犯人は貴方なのでしょう。AIの言うとおり。」）を電子掲示板に掲示したということについて，ネット利用当事者間における，名誉の侵害，プライバシー侵害，通信の秘密侵害等が争われた事案がある。

　判決は，既に多数回にわたって同人に対する疑惑が電子掲示板に掲示され，同人の反論も掲示されることによって，不特定多数の会員に同人に対する疑惑が認識されていたこと，本件掲示には「同人のIDを不正使用したという事実そのものを摘示したものではなく，その点についての原告に対する疑惑が極めて濃厚であると評価し，表現したものと認めるのが相当であり」，何ら具体的事実が摘示されていないこと等に照らすと，本件掲示行為によって同人の社会的評価が低下したとはいえないとした。また，プライバシー侵害について，本件掲示の内容は既に会員間に公開されていた情報であり，本件会話中に約20名の不特定の会員がアクセスしたことを認識しながら会話を継続し，スクランブルをかけなかったこと等をあげ，本件掲示行為が被掲示者のプライバシーを侵害し，不法行為を構成するとまではいえないとした。なお，通信の秘密を侵害

する行為か否かにつき，本件掲示を掲示した会員は，本件会話の当事者であり，本件掲示行為は，通信の当事者以外の第三者が通信の秘密を犯す行為ではないから，本件行為は，憲法上保障される通信の秘密を侵害する行為ではなく，また有線電気通信法が禁止する行為でもないと判断している（東京地判平9・12・22判時1637号66頁）。

1.2 シスオペ・プロバイダー等の責任

　パソコン通信を利用したフォーラムの電子会議室において，特定の会員をやゆ・侮辱する発言が書き込まれ，ネット利用当事者間ならびにシスオペ（SYSOP フォーラムマネージャーともいう。なお，シスオペとは，ニフティとの間の契約に基づき，ニフティから，ニフティサーブ中の特定のフォーラムの運営・管理を委託されている者である），ならびにニフティの責任が問題となった事案がある。

　判決は，11回にわたる発言がいずれも被害者に向けられていることは明らかであること，いずれも激烈であり，きわめて侮辱的ともいうべき表現が繰り返し用いられるなど，被害者に対する個人攻撃的な色彩が強いとして，被害者の社会的名誉を低下させるに十分なものであり，電子会議室に本件発言を書き込んだ者は不法行為責任を負うとされた。

　さらに，フォーラムを運営・管理するシステム・オペレーターを担当している者につき，「フォーラムに他人の名誉を毀損するような発言が書き込まれた場合，当該フォーラムのシスオペにおいて積極的な作為をしなければ，右発言が向けられている者に対し，何ら法的責任を負うことはないと解することは相当でなく，シスオペが，一定の法律上の作為義務を負うべき場面もあるというべきで」あるとし，シスオペが，その運営・管理するフォーラムに書き込まれる発言の内容を常時監視し，積極的に右のような発言がないかを探知したり，すべての発言の問題性を検討したりというような重い作為義務を負わせることまではできないが，少なくともシスオペにおいて，その運営・管理するフォーラムに，他人の名誉を毀損する発言が書き込まれていることを具体的に知ったと認められる場合には，当該シスオペには，その地位と権限に照らし，その者

の名誉が不当に害されることがないよう必要な措置をとるべき条理上の作為義務があったと解するべきである。そして，会員規約にも違反するものであると認識しながら，これを削除せず放置したシステム・オペレーターの行為は違法であるとされた。

また，ニフティの責任について，シスオペとニフティとのフォーラム運営契約においては，シスオペは，ニフティの別途定める規約，マニュアル等に従うほか，ニフティの指示に従うこと，フォーラムの運営に関しては関係する法令，ニフティの規約，指示等に従うとされ，シスオペがフォーラム運営契約に違反したときには，ニフティは，フォーラム運営契約を無催告で解約することができるとされている。またシスオペが選任した運営協力者については，ニフティが不適切と判断したときは，これを解任することができるものとされていることが認められるとして，ニフティとシスオペとの間には，使用者責任の基礎となるべき，実質的な指揮監督関係は優に認められ，前記シスオペの行為が，ニフティの事業の執行に関して行われたことは明らかであるから，ニフティは，被害者に対し，使用者責任にもとづき，シスオペの不法行為によって被った損害を賠償する責任があるとした（東京地判平9・5・26判時1610号22頁）。

いずれも，名誉毀損，プライバシー侵害等が問題になっているが，今後，ネット利用について，プロバイダーの責任，シスオペの責任につき，先駆的な判断であり，今後の参考となろう。

2　セクシュアル・ハラスメントと損害賠償

セクシュアル・ハラスメント（以後セクハラと略する）を定義づけるとすると，広い意味では，「望まれない性的行為」とか，「社会的に望ましくない性的行為」を意味する。そもそも，「セクシュアル・ハラスメント」という言葉は，1970年代のアメリカ合衆国におけるフェミニズム運動から生じた。セクハラについては，性的嫌がらせの意味で広く用いられているが，「迷惑行為」と訳すことが適切な言葉ともいえる。しかし，いまだに確定した概念ではなく，その議論される場面から異なる定義がされる。数年前までは，働く女性のあるいはその職場における性的迷惑行為として論じられてきた。現在では，社会的にも

専門的にも，性差別から離れ，男性および女性の問題（ジェンダー論）としてとらえられるようになっている。また，職場におけるセクハラも，社会的に広く認められ，社会的に望ましくない性的行為の一部として論じられるようになっている。また，相手（多くは女性）の意に反する性的発言や行為等の性的言動を対象とし，内容は多岐にわたっているのが実状である（詳しくは，浅倉むつ子監修『ジェンダー法学』139頁参照）。

　セクハラに関するわが国の議論はアメリカにおける議論の影響を強く受け，しかも，わが国のセクハラに対する法的規制は，不法行為を中心とする民事判例が先行し，セクハラに対する制裁と被害者の雇用保護を保障しており，それを補う形でセクハラ予防を目的とした改正男女雇用機会均等法21条が制定されたという特徴がある。現在，民事判例は，100件を超え，最高裁判決も5件ある（参議院議員セクシュアル・ハラスメント事件，大阪セクシュアル・ハラスメント（大阪市立中学）事件，金沢セクシュアル・ハラスメント（損害賠償）事件，金沢セクシュアル・ハラスメント（解雇）事件，鳴門教育大学セクシュアル・ハラスメント事件）。

　以上の事件における解決は，民法715条の使用者責任や44条1項の法人の不法行為責任により企業の責任を認めるものである。

　平成9年からは，労働契約上の配慮義務にもとづいて，セクハラに関する使用者責任を正面から認める判例があらわれるなど，判例法理は明確化しつつある。

　裁判例として，職場におけるセクハラについて確立した定義はない。判決文において，最初にセクシュアル・ハラスメントの用語が出てくるのは，金沢セクシュアル・ハラスメント（損害賠償）事件であり，他の裁判例をみると，「相手の人格を損なってその感情を害し，相手にとって働きやすい職場環境の中で働く利益を害するもの」（福岡セクシュアル・ハラスメント事件），「相手の意に反して，性的な性質の言動を行い，それに対する対応によって仕事をする上で一定の不利益を与えたり，またはそれを繰り返すことによって就業環境を（著しく）悪化させること」（京都大学セクシュアル・ハラスメント事件）との定義がある（最高裁ではいまのところない）。

裁判例をみると，セクハラについて，民事上の救済法理は，従業員等の女性従業員に行ったセクハラについて，当該従業員等の使用者が被害者である当該女性従業員に対し，不法行為上の使用者責任を問うものである。具体的には，使用者自身の債務不履行責任，従業員等の不法行為に対する使用者自身のまたは使用者責任による不法行為責任である。

3　ドメスティック・バイオレンスと損害賠償

3.1　法律は家庭に入らずの原則

　一般的に夫婦関係，親子関係，兄弟姉妹等において，一方が他方の行為により損害を受けても，不法行為を理由として他方を訴えてまで損害賠償を請求することは少ない。しかも，こうした親族間においては違法性がないとされる場合が多い。もし，違法性が認められるとしても，愛情，人倫，道徳等に委ねることが妥当とみられる場合も多い。まさに法諺どおり「法律は家庭に入らず」が現状である（詳しくは，戒能民江『ドメスティック・バイオレンス』，浅倉・前掲ジェンダー法学153頁以下参照）。

3.2　夫婦間・親族間の不法行為と損害賠償

　ところで，こうした，夫婦間，親族間などに不法行為が生じた場合につき，わが国で問題となったのは，夫婦の一方が運転する自動車に同乗中，他方の過失による自動車事故で傷害を受ける事件が増え，他方の加入する自賠責保険につき自賠法16条にもとづいて保険会社に対し被害者請求をするケースが相次いだことからである。つまり，妻がする保険会社への被害者請求は，理論的には，妻の夫に対する損害賠償請求権を肯定する立場を前提としなければ成り立たないからである（各保険会社は，昭和32年5月10日付の自賠責保険査定指針により，親族間事故について損害賠償額の支払を拒絶していた）。

　1945年以前の裁判例では，旧憲法下の「家」思想を基本として，配偶者に対する損害賠償請求権は，破綻状態でのみ行使しうるとしたものがある（大判昭2・5・17新聞2692号6頁）が，おおむねそうした請求を認めない方向であった。憲法改正後は，夫婦・親子の間で起きた交通事故に関する自賠責保険金の被害

者請求に対し，肯定説と否定説とが相半ばしていた。その立場は，①一般的に否定するもの（青森地判昭45・2・12判時587号14頁＝父親が運転する自動車に同乗していた子が死亡した事故に関して母が保険金を請求した事案），②権利濫用を理由に一般的には否定するもの。その論理は，夫婦は，相互に共同体としての家庭の生活を円満に保持する義務があるから，夫婦間で損害賠償請求権を行使することは通常の場合にはこの義務に違反し，ひいては権利の濫用になることが多いと考えられるが，その行使が夫婦共同体保持の目的に反しないかぎりはそれを行使することは許容される，とする（東京地判昭44・7・16判時561号20頁，大阪地判昭46・2・8判タ264号284頁）。③一般的に肯定するもの。夫婦の間において一方が他方に対し損害賠償を請求することが通常の事例ではないからといって，法律上夫婦間に損害賠償の権利義務関係を否定すべきものでない，という（東京地判昭42・11・27下民集11＝12号1126頁他──後掲最判昭47年の第一審判決）。

　最高裁は，妻が夫の運転する自動車に同乗中夫の運転上の過失により負傷した事案において，右自動車が夫の所有に属し，夫が，専らその運転にあたり，またその維持費をすべて負担しており，他方，妻は，運転免許を有しておらず，事故の際に運転補助の行為をすることもなかったなどの事実関係の下においては，「夫婦の一方が不法行為によって他の配偶者に損害を加えたときは，原則として，加害者たる配偶者は，被害者たる配偶者に対し，その損害を賠償する責任を負うと解すべきであり，損害賠償請求権の行使が夫婦の生活共同体を破壊するような場合等には権利の濫用としてその行使が許されないことがあるにすぎないと解するのが相当である」として，自賠法3条にいう妻の「他人」性を認め，保険会社に対する被害者請求権を認めた（最判昭47・5・30民集26巻4号898頁）。なお，運輸省はこの最高裁判決を受けて「親族間事故の取扱いについて」と題する通達を出し，査定基準を改正し，各保険会社は，昭和47年11月1日から，親族間事故の被害者についても一定の条件のもとに，損害の全部を支払い，慰謝料については2分の1を支払うことになった。

　学説は，一致して最高裁の肯定説を支持している。しかし，前記最判において，付帯上告をしていないため判断されなかった慰謝料の請求の可否については問題である。同控訴審（東京高判昭44・4・5高民集22巻2号263頁）では，夫婦

生活が円満に営まれていながら配偶者の一方が他方に対して慰謝料を支払う場合はありえず、妻が夫の過失によって死亡した場合に慰謝料請求権を認めたとしても、相続により混同で消滅するとして認めなかった。学説は、この点を批判し、被害者直接請求の認められる損害の範囲は、自賠責保険の被保険者（夫）が負担すべき現実出費額（積極的損害）に限らず、逸失利益（消極的損害）および慰謝料をも認めるべきであると主張している。

　以上、交通事故についてではあるが、夫婦間、夫婦以外の近親者間に対する損害賠償請求は、判例により肯定され、また、学説にも異論をみない。

　では、表題にあるドメスティック・バイオレンスのような場合ではどうか。裁判例には、夫婦同様の関係にあった者同士の間における暴力行為に起因する受傷事故について、刑事告訴により逮捕されたが、起訴されなかったことは不法行為の成立を左右するものではないとして、治療費2万680円、コルセット代9,060円の支払、および、不法行為の態様、とくに通院の期間等を総合勘案して、慰謝料として10万円を支払う義務があるとされた事例がある（東京地判平4・1・24労働判例605号81頁）。

　これまでの裁判例が、交通事故を中心に展開してきたが、今日の新聞報道を見る限り、これまでの問題状況と異なり、ドメスティック・バイオレンスにこの問題の焦点が移ってきている。原則として、夫婦間においても、不法行為にもとづく損害賠償請求権が成立することを認められるといえるが、具体的には、個別の判断が必要である。

4　専門家の責任 ── 税理士業務の場合

4.1　税理士業務

　最近の裁判例において、税理士の責任を問題とするものが多い。そもそも、税理士の役割は、租税債務関係説に立脚した納税義務の履行であり、特定の税理士の権威的解釈や税務署の官吏により友好的解釈によって決定される税務申告に係る業務や代行ではないといい、日税連の見解は、法律行為であり事実行為ではないという。そこでは、課税要件である実定租税法によって決定される納税義務の履行であり、依頼者の納税義務の実現の期待を具現化する手続きで

ある。そして，税理士業務は，税理士法2条に規定するように他人の求めに応じて納税に関し，①税務代理，②税務書類の作成（東京高判昭28・11・19高裁刑特報39巻192頁），③税務相談（大阪高判昭26・2・26高裁刑特報23巻35頁）等を行う。また，税理士法2条は，税理士の行う業務を限定列挙しているが，これは税理士の資格のない者に税理士業務を行うことを禁じるためにその範囲を明確化するためのものであって，税理士が受任する事務を限定したり，税理士の責任を負うべき事務の範囲を限定する趣旨のものではない（東京高判平7・6・19判時1540号48頁）。税理士への委託契約は，一般に委任と思考されるが，それにしても通常の委任とは異なる特異性（税務代理の問題）をもち，顧問契約の成立と顧問契約の意義についても問題をはらんでいるといえる。

4.2 税理士の立場

税理士法1条では，税理士の使命について「税理士は，税務に関する専門家として，独立した公正な立場において，申告納税制度の理念にそって，納税義務者の信頼にこたえ，租税に関する法令に規定された納税義務の適正な実現を図ることを使命とする」と規定されている。税理士と納税者の関係については，さまざまな考え方がある。

まず，税務署と納税者を水平的に位置づけつつ，①中間的な立場，②税務署に近い立場，③納税者に近い立場，として位置づけるもの，さらに，両者の中央に位置するとしつつ，④両者を監視する位置，⑤両者のいずれからも見下される下位の立場にある，とかいうものである（加藤義幸『税理士法と民事責任』75頁以下参照）。

税理士の業務には二面性がある。すなわち，税理士は，他の職業と違って，税理士の使命について規定されている。これは，税理士の業務というのは，依頼者の利益を図るということだけではなく，納税義務に関しているので，公共的な性格を有していることは明らかである。この公共的な性格は，アメリカの税法でいう「コンプライアンス」，税法の遵守義務ということである。アメリカの場合，税理士が納税申告書に関与するときは，その税理士が納税者と併せてサインをすることが要求されている。すなわち，その申告書の下のところに

は「私は添付書類および報告書を含むこの申告書を調べた結果，私の知る限りにおいて，また私の信ずる限りにおいて，これらが真実・公正かつ完全なものであることを宣誓いたします。」と書かれており，そこに税理士が納税者と並んでサインをすることが要求されている。これがアメリカで税理士の「コンプライアンス」と呼ばれているものである。申告書の内容に虚偽があった場合には，税理士が詐欺罪として処罰されるという重い制裁が科せられている。

わが国の場合は，このように税理士が宣誓して申告書に署名するという形式的なことは要求されていないが，税法の遵守義務が負わされていることは明らかである。税理士という業務は，この税理士に負わされている使命の大枠のなかで，依頼者からの委託業務を処理するということになる。さらにこれを言い換えると，税理士業務は，公益的な面と私益的な面との二面性をもっているといえる。税理士の業務というのは，一方では税法の遵守義務，一方では依頼者の利益を守る義務，という二面性をもっていることが大きな特色だと考えられる。

4.3 税理士と顧客との関係

租税は憲法30条〔納税の義務〕において「国民は，法律の定めるところにより，納税の義務を負ふ。」という国民としての義務・租税法律主義を前提に，同84条〔課税の要件〕の「あらたに租税を課し，又は現行の租税を変更するには，法律又は法律の定める条件によることを必要とする。」により，国会で決定された法令の規定により，一定の条件が成立した場合は自動的に納税義務が発生する，という民主的ルールに則る方法で決定される。すなわち日本を始め近代国家では，法律の定める租税要件（課税要件，租税徴収要件，租税消滅要件の一連の一体的な要件）によって自動的に決定される関係である。そこでは，多くの国の租税は，国会等の国の最高決議で決定された法律に合致すれば自動的に決定される方法によっている。すなわち租税債務関係説という。具体的には，憲法によって制定された課税要件である実体租税法によって，国等の課税権が発生し，徴収権が生ずる。これに対等する関係として，国民に申告義務と納税義務とが生じ，納税義務の履行が義務化されるのである。元来，租税がこ

のように国と国民の間の法律によって，一定の要件に該当したとき，たとえば，所得税では「所得の発生」という事実によって，租税債務が確定するのである。したがって，税理士は，独立した立場で「納税者の課税権行使」に対して支援するものである。税理士の役割は，租税債務関係説に立脚した納税義務の履行であり，特定の税理士の権威的解釈や税務署の官吏により友好的解釈によって決定される税務申告に係る業務や代行ではない。そこでは，課税要件である実体租税法によって決定される納税義務の履行であり，依頼者の納税義務の実現の期待を具現化する手続である。

4.4　業務受託の法律関係

　国家の運営費として徴収される税金は，民主主義の代償として，国民が負担をしている。この負担は，より公平でなければならず，特定の人が多く負担し過ぎても，負担が軽くてもいけない。また，多くの国民の個別的条件に合わせて，公平を追求してきた結果，税の種類や実体租税法が複雑になり，一般の国民には理解ができなくなってきた。そこで，この民主主義の国家を支える税金（財政）についての問題を国民の側に立って解決するのが税理士である。そこで税理士と顧客（広くは国民）との契約関係については，以下のような見解に分かれる。

　委任契約と準委任契約の複合契約説とがある（竹下重人「業務委託契約と税理士の責任」税理士界837頁，松沢智『税理士の職務と責任』93頁）。さらに，準法律行為の契約とするものもある（新井隆一「税理士制度の基本理念」『税理士制度』3頁）。

　また，「税理士が，その依頼人から真正の代理人としての地位を与えられていれば，税務代理の法的・性格とは関係なく当然のこととして修正申告ができることになる，という理解が背景にあるとすれば，税理士法は，その当然のことを確認するための規定を置かなかったにすぎないとの見解もある。

　以上のように，税理士法2条の税務代理が，真正の代理であるか，代行であるかについては，税理士法は真正の代理の成立する可能性を認めながらも，基本的には個々の契約当事者の意思にこれを委ねている（高野幸夫「調査手続」日税研vol.25，26頁，以下「契約当事者思想」という），とする契約関係があるように，

法律関係は明確になっていない。

　裁判例を見ると，法定の税理士の業務の委託よりも経営相談の委託に重点が置かれた税理士の顧問契約につき，民法651条にもとづく右顧問契約の解除が有効とされた，特殊な税理士顧問契約は，委任類似の法律関係といえるとし，税理士業務と経営コンサルタント業務を内容とする特殊な税理士顧問契約については，相当な事由があるときに限り解除することができ，この限度で本条の適用は制約されるという（東京高判昭55・9・24判時980号58頁，金商617号35頁，〔判評〕広中俊雄・評論267号155頁）。

　さらに，最高裁は，法定の税理士業務の委託よりも経営相談の委託に重点が置かれた税理士の顧問契約について，民法651条にもとづく契約解除が有効であるとされ，税理士顧問契約の法律的性質は「委任契約」であり，受任者の利益のためにも締結された契約とはいえないから，委託者は651条１項にもとづきいつでも委任契約を解除することができる，とした（最判昭58・9・20判時1100号55頁，〔判評〕円谷峻・季刊民事法研究7（判タ529号）154頁）。前に述べたように，税理士の業務は税理士法第２条に，①税務代理，②税務書類の作成，③税務相談，④付随業務として会計業務やコンサルタント業務とその業として定めている。これらのいずれの業務を行うかは，個々の依頼者との依頼内容によって異なり，一様でない。

　次に，これらの業務をみると，納税者である依頼者と税理士の関係は，①の継続的な顧問契約，税務に係る業務全てを含む場合，さらには会計帳簿の作成業務の代行に至る契約，②税務申告書の作成のみの場合，③将来の税金対策や，近時に保有資産の処分に係る譲渡所得に関する相談の場合，等の一時的なものに分かれる。

4.5　助言義務の意義と内容
(1)　意　　義

　昭和55年の改正により税理士法41条の３において「助言義務」の規定が設けられ，同条は，次のように規定している。

　税理士は，税理士業務を行うにあたって，委嘱者が不正に国税もしくは地方

税の賦課もしくは徴収を免れている事実，不正に国税もしくは地方税の還付を受けている事実または国税もしくは地方税の課税標準等の計算の基礎となるべき事実の全部もしくは一部を隠ぺいし，もしくは仮装している事実があることを知ったときは，直ちにその是正をするよう助言しなければならない。

この規定は単なる倫理規定ではなく，これに違反した場合には税理士法46条の懲戒処分に付される。しかも，改正法においては従前とは異なり（従前では，懲戒処分が争われている場合にはその裁判が確定するまでは処分の効力は発生しないものと解されていた），懲戒処分と同時に直ちに処分の効力が発生する。

税理士は憲法および税法の規定に従って誠実にその業務を執行すべきであることはいうまでもないが，だからといってこの業務をする上で金銭的保証はなにもなく，自らの顧客に業務を提供することにより，その対価として収入を得る。

ところで，この助言義務に関しては国会（衆・参議院の大蔵委員会）の附帯決議においても「助言義務の規定は，税理士の社会的責任を明らかにする倫理的規定であり，税理士に対する処分自体を目的とするものではないので，助言義務違反に係る懲戒処分の取り扱いに当たっては，税理士と納税者の地位を不当に損うことのないよう慎重を期すること」が述べられている。このようにあえて附帯決議をしなければならないところにこそ，この規定の問題性が存在するといわねばならない。客観的にそのような危険性があるだけで立法としては好ましくない。そのような立法は，本来なされてはならないのである。

(2) 内　　容

税理士は，税理士業務を行うにあたって，委嘱者が次に掲げることを行っている事実を知ったときは，直ちに，その是正を助言しなければならない（日税連『新税理士法要説』126頁（税理士法41条の3））。

① 不正に国税もしくは地方税の賦課もしくは徴収を免れていること
② 不正に国税もしくは地方税の還付を受けていること
③ 国税もしくは地方税の課税標準等の計算の基礎となるべき事実の全部もしくは一部を隠ぺいし，もしくは仮装していること

税理士は，納税義務の適正な実現を図ることを使命とするものであるから，

委嘱者の求めに応じて税理士業務を行う際に，委嘱者の納税義務が適正に実現されていないことを知った場合に，直ちにその是正を助言することは当然の責務であり，このような税理士の行為が税理士の税務に関する専門家としての社会的地位をより向上させることになると考えられる。この規定が当時の税理士会から，あたかも必要として提案したごとく解説されている。しかしこの規定は，税理士業務に一層厳格な処理を求めるとともに，不正納税義務者は税理士の関与先から排除することを強制している。

5　裁判例に現れた税理士の責任の一端

(1) 東京地判平4・7・31判時1463号88頁

確定申告等の依頼を受けた公認会計士・税理士Yにつき，いわゆる買換え特例の適用につき的確な助言を怠ったことを理由とする債務不履行責任ならびに過誤による違算の不法行為責任が争われた事案について，事業用資産の買換え特例および居住用資産の買換え特例の適用を受けることができるかについて，税理士が懸念を持ったのは当然であり，その助言等の内容が不適切であったとはいえないし，また，的確な助言を与えていれば，新たな事業用資産を取得して事業用資産の買換え特例の適用を受けて譲渡所得税の課税を免れることができたという関係にはない。

本判決は，YがXの依頼により作成した所得税の確定申告書に，Yの過誤による違算があって，Xが過少申告により加算税および延滞税の納付を余儀なくされたことについては，Yがこのような場合における基本的な注意義務に反したものであって，不法行為による右損害の賠償の義務があるとした。

(2) 東京高判平7・6・19判時1540号48頁

相続税の修正申告の委任について相続税の修正申告の委任を受けた税理士は，相続税の修正申告にかかる租税の納付時期について説明し，一括納付ができない場合には，延納許可申請手続をするかどうかの意思確認をする付随義務を負うものであるから，この懈怠については債務不履行責任を免れない。

(3) **大阪高判平 8 ・ 3 ・15判時1579号92頁**

事案は，相続税の申告の代行を委任したところ，委任を受けた税理士が市街化区域内にある相続財産である土地を市街化調整区域内にあると誤認して相続税の申告手続をしたために，過少申告となり，所轄税務署長から更正処分および過少申告加算税の賦課決定を受け，本税とともに過少申告加算税および延滞税を納付した。

判旨は，税理士が納税者から税務・申告の代行等を委任されたときは委任の趣旨に従い「税理士は税務に関する専門家として，納税義務者の信頼にこたえ，納税義務の適正な実現を図ることを使命とする専門職であるから，納税者から税務書類の作成や税務申告の代行を委任されたときは，委任の趣旨に従い，専門家としての高度の注意をもって委任事務を処理する義務を負うものというべきところ，相続税の申告にあたっては，相続財産である土地が市街化区域内にあるか市街化調整区域内にあるかによって課税価格が大きく異なってくるのであるから，相続税の税務書類の作成や税務申告の代行の委任を受けた税理士としては，相続財産である土地がそのいずれの区域内にあるのかを正確に調査確認すべきであり，また，K市役所の都市計画課で1通700円で販売されているK都市計画図を見るか，所轄の税務署で尋ねることにより，その点についての調査，確認はきわめて容易であったことが認められる。ところが，被控訴人が，そのような調査，確認をしないまま，本件土地が市街化調整区域内にあるものとして過少な申告をしたことは被告の明らかに争わないところであるから，被控訴人がその受任義務を処理するについて，専門家たる受任者としての注意義務の懈怠があったことはこれを否定することができない」とした。

(4) **大阪地判平 9 ・ 5 ・20判時1633号113頁**

事案の概要は，X会社が顧問税理士Yの指導の下に法人税の確定申告をしたところ，損金処理に問題があるとして，更正処分を受け過少申告加算税と延滞税を賦課され，その相当額の損害を蒙ったとして，Yに対し債務不履行もしくは，不法行為にもとづく損害賠償を求めた。

判旨は，Xの請求のうち過少申告加算税に相当する損害賠償請求につき認容したが，延滞税に相当の損害賠償請求はこれを斥け，しかも，過少申告加算税

相当の損害についても，Xにも過失があるとして5割の過失相殺をした。まず，「税理士は，税務に関する専門家として，独立した公正な立場において，申告納税制度の理念にそって，納税義務者の信頼に応え，租税に関する法令に規定された納税義務者の適正な実現を図ることを使命とするものである」（税理士法1条）。「税理士は，税務の専門家であるから，依頼者から税務に関する相談を受けたときは，税務に関する法令実務に関する専門的知に基づいて依頼者の依頼の趣旨に則り，適切な助言や指導を行う義務がある」。両者間で「顧問契約を締結し，決算の方針の決定，決算書類及び確定申告書類の作成に関して助言と指導を行ってきた者であるから，原告の行う確定申告について，税務に関する法令，実務に関する専門的知識，特に，基本通達は，税務に関する法令の解釈や運用に関する指針として重要なものであり，これらを十分に調査・検討の上，違法・不当な申告を行うことにより原告が修正申告を余儀なくされたり，更正処分や，過少申告加算税の賦課処分をうける等により損害を被ることのないように指導及び助言をする義務がある」という。

(5) 東京高判平10・3・13判時1654号54頁

事案は，X会社が顧問税理士Yの指導の下に法人税の確定申告をしたが，損金処理が不当であるとの理由で更正，処分を受け，不服審査の申立をしたが，過少申告加算税と延滞税を賦課され相当の損害を蒙ったとして，税理士Yに対し債務不履行等による損害賠償を求めた。

すなわち，X会社はAに対する貸金債権の担保として不動産および株式を取得したが，その担保物の価格が下落して債権全額の回収は困難であることから，これを貸倒れ損失として損金処理をしたことに対し税務署長から損金処理は認められないとして修正申告を求めてきた。Xが応じなかったため，法人税額を更正し，過少申告加算税を賦課する旨の決定をした。そこでXはその指導の下に審査請求をしたが，これが棄却され，結局，過少申告加算税および延滞税を支払うことになったとの事実を認めた。

判決は，税理士Yとしては，法人税基本通達によると，法人の貸金の担保割れが出た場合には，その処分後でなければ貸倒れ損金として処理することはできないと定められているのであるから，これに反する処理をする場合には，依

頼者Xのために，これを受け入れる可能性があるかどうかを税務当局に打診し客観的に検討すべきであるのに，Yはこの措置をとらず，また，依頼者Xに対しても損金処理が認められないときは，過少申告加算税が賦課される可能性のあることを充分に説明すべきであるのに，これを怠っており，顧問税理士としてXに対し税務相談における指導，助言についての債務不履行があると判示した。そのうえで，過少申告加算税相当の損害については，その指導がX会社の代表者も基本通達に反することを知っており，しかも，Yに対し法人税額の軽減方法を依頼していること等から，5割の過失相殺が相当とした。

しかし，延滞税の負担は，X会社は法人税の支払を長期分割によらざるを得ない資金的事情によるものであり，Yの債務不履行とは相当因果関係は認められないとした。

なお，延滞税の賦課については，税理士Yの指導との間に因果関係が認められないとして斥けたが，過少申告加算税の賦課については，税理士Yが基本通達に反する処理に起因し，税理士が基本通達に反する指導をする場合には，その通達の趣旨とこれに反する処理をした場合にどのようなリスクを負うかを具体的に依頼者に説明し，依頼者の承諾と，通達に反する処理を行うために相当な理由があり，また，その必要性が肯定される場合に限定すべきであるのに，税理士Yはこれを怠ったとして，債務不履行にもとづく損害賠償責任を認め，ただし，依頼者であるX会社の代表者についても過失があるとして，5割の過失相殺をした。本判決は，この第一審判決に対するXおよびYの控訴申立にもとづくものである。

(6) 岐阜地大垣支部判昭61・11・28判時1243号112頁

税理士の委任契約上の債務不履行の存否が争われた事案である。

Xは会社設立の昭和48年以降継続して税理士たるY₁に各年度の所得申告等の税務申告事務を委任し，同人はY₂を補助者として受任事務の遂行にあたってきた。Xは，Y₁，Y₂らが，①昭和55年度分所得申告を期限内になさなかった受任事務遂行の懈怠により会社解散を余儀なくされたとして，慰謝料等の損害賠償，および，②昭和54年度確定申告時における収入金の経理上の取扱い過誤により損害を被ったとしてその賠償，を求めた。

Y₁は，元公務員であったところ税理士を開業し，無資格のY₂の税理士業務に名義貸をしていたにすぎないから同人の行為に責任を負わない旨主張したほか，以下のY₂と同旨の主張をし，Y₂は，X主張の各税務事務処理に関する受任を認めつつ，いずれも受任事務遂行上必要な資料につき，Xにおいてその提供を遅延ないし怠ったものであるから，受任事務遂行上の義務懈怠は存しない旨主張した。

　判決は，「税理士の職責について，依頼者の会計帳簿にもとづいて所轄税務署に対して税務申告を代行するについて受任関係に立つことをもって足り，またそれを越えることは許容されないとし，またその準委任契約上の義務は依頼された個別的な申告手続代行についてのみ善管義務の限度で存するに過ぎないとした。そして，本件所得申告事務委任契約の成立は，原始記録の全部が届けられたときと解すべきところ，X側の事情により右記録が届けられたのは昭和55年度分所得申告期限後であったから，期限徒過につき，Y₂の義務違背を論ずる余地はなく，②は，税理士の義務権限外であるから責任はない」とした。

　さらに，助言・教示・説明過誤が問題となったものとして以下のものがある。

(7) 横浜地判平元・8・7判時1334号214頁

　事案は，相続税納税猶予の要件説明義務違反による損害賠償請求である。

　すなわち，農業を営んでいたAの相続人の一人X（長男）は，税理士であるYに対し，農地相続についての納税猶予（租税特別措置法70条の6）の適用申請手続の税務代理を委任した。ところで，右納税猶予の適用を受けるには，相続税の期限内申告書に引き続き農業経営を行う相続人が当該農地を相続した旨の遺産分割協議書等を添付し，かつ申告書に右納税猶予の適用を受ける旨の記載をする必要がある。ところが，相続税の申告期限までにAの相続人間において遺産分割協議がまとまらなかったため，右納税猶予の適用申請ができなかった。Xは，全遺産について分割協議が成立しなくても，当該農地の相続について一部分割協議が成立していれば納税猶予の適用を受けられるのであるから，Yはその旨Xに説明し，期限内に一部分割協議書を作成させるよう促す義務があったのに，期限後修正申告によっても納税猶予の適用があるものとは納税猶予の適用を受けることができなくなった。そこで，XはYに対し，Xが支払った本

件農地の相続税額と右納税猶予の場合の税額との差額に相当する金額の損害賠償を求めた。これに対し，Yは右の諸点につき全面的に争った。(2)本件判決は，一部分割協議書によっても納税猶予の適用申講の要件を満たすこと，税務代理を受任した税理士は，委任者に対しこの点について説明すべき義務があることおよびYが右説明をしなかったことを認めたが，本件においては一部分割の協議が成立し得た蓋然性が乏しかったとし，Yが右説明をしなかったこととXが納税猶予を受けられなかったこととの因果関係がないとして，Xの請求を棄却した。

　ここでは，いくつかの事例で見てきたように，税理士の業務に対する債務履行責任は，当初は限定的に依頼された範囲の業務であり，資料は当然に依頼者が準備し，不履行の責任は多くが依頼者にあったとされていた。ところが，税理士賠償責任保険の賠償事例では，依頼者の完全履行を前提とした考え方になってきている。すなわち，①書類の提示がないこと，②税務署での情報公開が不完全であること，③税務署の好意的な示唆に従ったこと，④長期間顧問契約をしていたこと，⑤相続税等臨時的な業務であり不慣れなこと等は，専門家として当然に行う業務を免責する理由とはならない。税理士がこれらに対して英知を絞ることを惜しむことに対する警鐘である。

6　医療ミスと医師の損害賠償責任

6.1　はじめに

　今日，連日のように医療ミスが報道されている。たとえば，麻酔器具の取扱いを間違えるとか，故意は別として，誤って劇薬を投薬するなどのミス等である。そこで，これらの報道がすべて訴訟になるか否かは分からないが，医療ミスが訴訟になった場合問題となるのは，①何が原因でそのような結果が生じたのか，②どの点に医師のミスがあったのか，さらに，原因が一応明らかになったとしても，③当時の医学の水準からみて医師にミスがあったといえるのかどうかはたいへん難しい問題である。その原因は，まず，医療行為が高度に科学的，専門的な性格を有していることである。今日の医学の進歩は凄まじいものがある。さらに，医療行為はそれ自体，投薬，注射，手術など，患者の身体へ

の侵襲行為をともなう。また，医療契約上の医師ないし病院の義務は，物を引き渡すというような売買契約（結果債務）とは異なり，病に罹っている患者を治療することにより，治すという最善の努力をする義務がその本来のものだからである（こうしたことを義務の本旨とするものを手段債務という）。このように手段債務であることから，契約上の義務の内容が不明確な場合も少なくない。そうしたことから，医師に義務違反があったか否かが，患者にとって主張しにくいという側面がある。以上の点をふまえると，医療過誤訴訟は，債務不履行（契約違反）としてその責任を追及するのか，不法行為（709条）としてのそれをなすのかが問題になる。

6.2　医療ミス訴訟の法的構成（債務不履行か，不法行為か）

医療過誤による損害賠償請求において，債務不履行を根拠とするか，不法行為を根拠とするかについて通説・判例は，どちらによってもかまわないという（請求権競合説）。しかしながら，民法上，債務不履行を理由とすると，①原告（患者側）が，被告（医師側，経営主体の病院も含む）の過失の有無について，立証責任を負わない（419条2項），②消滅時効の期間が，不法行為では3年（723条）なのに対し，債務不履行では10年（167条1項）である点で有利である。他方，債務不履行による場合には，患者側は医師に契約上の義務違反（通常は，債務不履行の一態様としての不完全履行）があったことを証明すればよいが，前に述べたように，契約上の義務（債務）内容を特定しにくいことが不利となる。

不法行為による場合には，一般的に原告（患者側）が，過失（注意義務違反）を立証しなければならない。なお，後述するように，医師に高度の注意義務を課しているので，結果的に患者側の証明責任を軽減されているから，今日，その損害賠償責任の追及を債務不履行責任によるのか，不法行為責任によるのかで実質的な差異は生じない（後掲最判平12・9・22民集54巻7号2574頁参照）。

6.3　医療ミス訴訟の二つの問題点

医療ミス訴訟では以下の二点が問題となる。①医師の注意義務違反の立証と，

②因果関係の立証である。

　ところで，これらについて立証に要する資料（主としてカルテ）は医師側にあり，カルテが誰のものかはさておき，患者側が見ることが困難な場合が多い。そうしたことから，どの程度の立証がなされたときに証明があったといえるかが問題となってくる。また，医療行為が患者にとって，予想外の結果や期待どおりの結果が生じないということも多く，医師の説明義務が問題となる。たとえば，治療内容，治療方法の選択，治療結果の見込みについて，患者に対してどの程度，説明をすれば十分なのかも困難な問題である。たとえ，事前になされたとしてもである。それは，医療行為の専門的性格や医学水準からみて，完全な説明は不可能といえ，ある程度，医師に裁量を委ねるものともいえる。法的には，説明義務は証明責任の軽減をもたらすが，医師の説明義務の根拠もいまいち判然とはしない。一般的に，医療が患者の人体への医的侵襲行為であることから，そのことを患者側が承諾する前提として医師による医療行為について患者への説明を要するのだといわれている。

6.4　裁判例・学説にみる医療ミス
(1)　医師の注意義務とその基準
(ア)　**輸血梅毒事件**（最判昭36・2・16民集15巻2号244頁）

　売血から輸血を受けた患者が梅毒に罹患した事件である。「いやしくも人の生命及び健康を管理すべき業務（医業）に従事する者は，その業務の性質に照らし，危険防止のために実験上必要とされる最善の注意義務を要求される」という。

(イ)　**インフルエンザ予防接種事件**（最判昭51・9・30民集30巻8号816頁）

　適切な問診を尽くさなかったために禁忌すべき者の識別を誤り予防接種をしたため，異常な副反応により死亡または罹病した。判決は，その結果を予見しえたのに過誤により予見しなかったものと推定するのが相当であるとする。

　以上の2つの判例に見るに，最高裁は医師に高度の注意義務を課す。
　では，その注意義務の基準はどのようなものであろうか。

(ウ)　**未熟児網膜症事件**（最判昭57・3・30判時1039号66頁）

「診療当時のいわゆる臨床医学の実践における医療水準である」とし，昭和45年当時は光凝固法の実施例がまだ6例発表されているにすぎなかったとし，医師に患者側への説明指導義務や転医指導義務はないとした。

これらは，一般的に「実践としての医療水準」，すなわち，「専門家のレベルで現に一般普遍化した医療としての現在の実施目標」といわれているものである。

(2)　**因果関係の証明**

(ア)　**無痛分娩麻酔注射事件**（最判昭39・7・6民集18巻6号1241頁）

無痛分娩のため麻酔注射を受けた妊婦が注射部位に膿瘍を生じ，後遺症が残ったという事例で，医師において，菌の伝染経路が複数想定できる場合，想定されたもののうち，どれが原因かを確定しなくても因果関係の認定には影響がなく，厳密な科学的証明を要しないとした（この判決の因果関係の認定方法は，一般に，消去法と呼ばれている）。

(イ)　**水虫事件**（最判昭44・2・6判時547号38頁）

水虫治療のために照射されたレントゲン照射量が多すぎて，皮膚癌に罹り，両足蹄を切断したという事例である。

「レ線照射と癌の発生に統計上の因果関係があり，しかもレ線照射を原因とする皮膚癌は他の発生原因に比べると比較的多い」として，統計資料を因果関係認定の有力な材料と認めている。

(ウ)　**東大ルンバール事件**（最判昭50・10・24民集29巻9号1417頁）

化膿性髄膜炎の患者に対しいわゆる腰椎からの髄液採取とペニシリンの注入（ルンバール）を施したところ，15～20分後に嘔吐，けいれん等を起こし，右半身の麻痺，知能障害などの後遺症を残した。争点は，その症状が脳出血によって生じたものかどうか，それがルンバールによって生じたものか，あるいは化膿性髄膜炎の再燃が原因なのか等の因果関係の認定であった。

「訴訟上の因果関係の立証は，一点の疑義も許されない自然科学的な証明ではなく，経験則に照らして全証拠を総合検討し，特定の事実が特定の結果発生を招来した関係を是認しうる高度の蓋然性を証明することであり，その判定は，

通常人が疑を差し狭まない程度に真実性の確信を持ちうるものであることを必要とし，かつ，それで足りる」。

近時以下のような判断が最高裁より示されている

(エ) **生存可能性侵害事件**（最判平12・9・22民集54巻7号2574頁）

医師の過失ある医療行為と患者との因果関係の存在は証明されないが，右過失がなければ患者がその死亡の時点において，なお生存していた相当程度の可能性の存在が証明される場合，医師は不法行為責任を負う。

(3) **学説のいう医師の注意義務・インフォームド・コンセント**

以上の判例に対し学説は，以下のようにいうのが一般的である。

注意義務の程度について，「学問としての医学水準」は，「将来において一般化すべき目標の下に現に重ねつつある基本的研究水準」といい，医学水準は流動的なものであり，医療水準はほぼ定着したものという。学説では，一般的に，注意義務の基準としては医療水準によるとされてきている。また，証明の程度は，前にも述べたように，医療過誤訴訟の最も困難な点である。それは，医師の過失や因果関係を立証する資料が医師側にあることである。この点は，本来ならば，過失や因果関係といった請求をする根拠となる規定の要件をなす事実は，個別的，具体的に認定されなければならないが，高度の蓋然性をもって因果関係や過失が存在すると言えるような強い経験則が働くところでは，概括的・抽象的なかたちでの認定が許されるという理論（＝「一応の推定」の理論）により証明責任が軽減されてきた。さらに，医師の説明義務（インフォームド・コンセント）については，合理的医師としての立場からなされるべきものといえるとする（佐藤司他『導入対話による医事法講義』188頁以下参照）。

7　個人責任から組織責任へ

今日，医療過誤に対する医師の責任を考えるについては，いくつかの観点がある。

まず，医師側にあるカルテが患者のものであるとの主張である。この点は，カルテの性格を検討する必要がある。もう一つは，患者と医師の関係を，単に法律上どういう権利義務があるかではなく，どのような法律関係とみるのがよ

いかという総合的な見直しも必要となろう。

7.1 組織責任論の必要性

今日の不法行為責任（損害賠償）の追及をする場合の法的構成は、①民法415条にもとづく債務不履行責任、②民法709条にもとづく不法行為責任である。両者とも、その行為者の責任を問うものであるという点では共通する。しかし、損害賠償責任が生じた原因はさまざまであり、また、当事者も同様である。たとえば、医療事故をみると、その原因がさまざまであることは当然として、その責任者を取り上げると、診療にあたった担当医師から、契約の当事者である病院まであり、その法律構成も、前者では②が、後者では①によることになる。しかも、特に医療過誤においては、その病院の体制の不適切、不十分な組織自体にもとづくと思われるものが多くなってきている。これは、何も、医療事故に限らない。それは、今日の、多くの市場行為が個人によりなし得ることが困難になり、多くの人間の組織活動に負うことが多くなってきているからである。

民法は、この点についての問題解決を、民法715条（使用者責任）により、個人の責任を代位するという構成を用意しているが、これはあくまで、民法709条の個人の過失にもとづく責任を前提としているのであり、また、債務不履行責任にいたっては、こうした、組織による責任（過失）については、法人の責任以外、それに対応する規定をもっていない。そもそも、民法規定は、本来、個人責任を前提とするものであり、たとえば、多数当事者の責任規定は、こうした組織責任を予定するものではないからである。

7.2 医療事故における組織責任

医療事故に関しては、病院の責任を、高度の組織機能の責任、また、病院自体の有責性の問題としてとらえようとするものもあった（唄孝一「現代医療における事故と過誤訴訟」唄＝有泉編『現代損害賠償法講座4』25頁以下）。しかし、それは、医療という特殊な体制の下における責任の問題としてであり、いわゆる組織責任を一般化するものではなかったと思われる。

7.3 組織責任を構成するための要素

　組織責任を考えるためには，まず第１に組織義務とは何かを定立する必要がある。それには，判例の集積が手がかりとなるが，組織責任者には，その組織と関わり合いをもった者に対して，一般的な意味での回避可能な損害から保護する義務があるということである（ドイツの学説においては，医療過誤に関し，病院開設者は患者に対し，回避可能な損害から患者を保護する「保証人」となるとの見解もあるようである (Matusche-Beckmann, Die Organisationsverschulden (2001)※ S. 148ff)。このベックマンの研究は医療事故を問題にしているから，これをすぐに一般化することはできないが，あるヒントを得ることはできよう。組織責任を考えるための要素として，人的組織責任と，物的組織責任に区分できるのではないかと思われる。

(1) 人的組織責任

　人的組織責任としては，組織人が組織において一般に求められる義務がある。具体的には，その者の地位，権限，組織における分業関係である。当然，その組織人が置かれた分野がどのようなものかは重要な基準となる。その際，組織としては，人員の配置，任務の割り当て等の監督者の義務が問題となる。

　① 組織の上位にある者には，組織の下位の者に対して，有効な指示を与え遵守を監督できるだけの能力を有する者を配置しなければならないといえる。

　② 組織は，その専門性等において，相応の能力を有する者を配置する必要がある。別な言い方をすれば，そうした者を雇っているかである。

　③ 以上の点より，その組織の上位に位置する者が，組織にある者に，そうした義務が果たせるような環境を整えているか，である。

　さらに，問題となる点をアイテムだけ示すと，

　④ 人の監督に関する組織義務。指導的立場にある者についての監督義務，組織レベルでの任務の管理可能性の有無である。

　⑤ 情報提供の確保に関する組織義務。組織責任者には，組織という観点から，そこに従事する者に対し一定の行為が要求される。たとえば，提供すべき不可欠な情報を把握し，その説明をしたかどうかである。

が考えられる。

(2) 物的組織責任

　物的組織責任とは，組織責任者が，その組織の構成員が行為を行う場合に必要な物を提供することである。たとえば，医療であれば，薬剤の在庫が考えられる。ただし，その物に関する情報も併せて提供する必要があろう。また，当然，それらの物についてのメンテナンスを行う義務も含まれる。そこで守られるべき利益は，何も，精神的なものには限らない。財産的利益，たとえば，その組織に第三者が持ち込んだ所有物の権利についても組織としての責任を負う。

7.4　From Now　組織責任

　組織責任論は，その研究において緒についたにすぎない。また，その対象も，医療に関する問題が主となっている。しかし，今後の課題を含め考えると，
　現行法にはない責任形態を問題にすることから，その根拠を十分に検討しなければならない。その点のいちばんの問題は，組織の過失にもとづく責任をいったい誰が負うのか，である。一次的には，その組織の長（組織責任者）ということになる。しかし，その間にある，いわゆる指導的中間責任者の責任が問題となる。この中間責任者は，実際に行為をした，そのために損害を生じさせた者（末端組織者）の選任と監督について，間接的であれ，組織としての義務に違反したといえるからである。その法律上の根拠は，民法709条によると構成できよう。特に，今日の企業のあり方が，分業体制から成り立っていることを考えると特にそうである。

　以上のことから，組織の長（組織責任者）としての組織責任としては，その組織として求められる水準にある人員を選任・配置し，組織を編成することである。その水準は，その組織目的に鑑みて求められる水準である。医療組織を例にとれば，患者の生命，身体の絶対的安全という判断基準である。また，今日の企業の分業化が特徴であるが，その部署間における情報の調整という連携が組織過失の有無を決定づけることになろう。そして，組織責任者は，物的な面においても，その必要性・安全性を念頭に置きつつ判断する必要がある。

　指導的中間責任者の責任は，組織としての行為の分業体制と併せて考える必要がある。すなわち，いわゆる，その分業体制が，水平的か，垂直的かという

ことである。水平的である場合は，自己の最善の注意をはらっていればいいが，垂直的な場合は，組織の長と同様の責任が生じると考えられる。

なお，組織責任は，今日認められている責任根拠としての，安全配慮義務との関係を検討する必要があろうし，その立証責任も問題となる。

※　橋口賢一「ドイツにおける診察過誤と組織責任」同志社法学第290号（54巻5号）

> **立証責任**
> 　訴訟上，裁判所がある事実の存否を確定できない場合，その存否の認定について，当事者の一方が受ける危険，不利益をいう。挙証責任，証明責任ともいう。この不利益をどちらの当事者が負うかの決定を，いわゆる立証責任の分配という。一般的には，権利の発生要件はその主張者が負い，これに対する障害要件，消滅要件は相手方にあるとされている。たとえば，債務不履行については債務者が，不法行為については被害者が負う。

◆損害賠償法用語ミニ辞典◆

事項索引

あ行

安全配慮義務……………………40
　──と時効期間……………40
　──と証明責任……………41
　──と不法行為との異同…41
　──と法的根拠……………40
　──と保護義務との異同…40
医師の注意義務…………………197
慰謝料請求権の一身専属性……56
慰謝料請求権の相続……………54
　──と家団説………………55
　──と極限概念説…………55
　──と時間的間隔説………55
　──と人格承継説…………55
　──と人格存続説…………55
　──と相続期待侵害説……55
　──と扶養侵害説…………55
逸失利益…………………………53
　──の算定…………………72
一般的不法行為の成立要件……9
違法性阻却事由…………………17
違法性の判断基準………………15
　　財産権の侵害と──……15
医療事故における組織責任…198
医療ミス………………………193
医療ミス訴訟とその法的構成…194
医療ミス訴訟の問題点………195
因果関係…………………………18
　──の限定…………………18
インターネットと損害賠償…176
インフォームド・コンセント…197
インフルエンザ予防接種事件…195
インミッション・ニューサンス…17
運営・組織の安全基準…………152
運行供用者責任…………………106
ＡＤＲ……………………………165
　──と私的紛争解決………165
　──と損害賠償……………165

か行

外形標準説……………………92,93
　──の適用範囲……………96
加害者を知るの意味……………70
課外授業…………………………154
各自連帯ニテ……………………125
過失概念の変遷…………………20
過失責任から無過失責任へ……20
過失責任主義……………………20
　──から無過失責任主義へ…21
　──の社会的機能…………21
過失相殺…………………………66
過失の推定………………………22
瑕疵の有無の基準………………115
学校開放の安全基準……………156
学校活動の安全基準……………151
学校給食の安全基準……………155
学校行事の安全基準……………153
学校事故…………………………142
　──から安全基準へ………150
　──の責任…………………142
　──の態様…………………142

――の特質 …………………………142
――の法的根拠とその補償制度 …142
学校施設の瑕疵 …………………145
間接強制…………………………29
間接被害者………………………57
監督義務者の過失………………74
監督義務者の責任 ………………146
企業（組織）責任 ………………5
危険責任…………………………22
求償権の制限……………………99
　　――と過失相殺の法理 ………100
　　――と共同不法行為の法理 …101
　　――と権利濫用の法理………99
教育活動と「公権力の行使」……144
行政上の責任 ……………………4
共同ノ不法行為の成立要件 ……121
共同不法行為……………………117
　　――と教唆 ……………………124
　　――と公害 ……………………118
　　――と幇助 ……………………124
　　――の意義 ……………………117
　　――の効果 ……………………125
緊急避難…………………………17
金銭債務についての特則………63
金銭評価方法……………………62
苦情処理制度……………………174
雲右衛門事件……………………13
刑事上の責任 ……………………4
契約締結上の過失………………38
欠陥とは …………………………138
けんか・暴行・いじめ …………155
現実的履行の強制………………28
権利侵害から違法性へ…………14
権利説……………………………80

権利の侵害＝違法性……………13
原料供給者 ………………………140
故意・過失………………………9
後遺症 ……………………………167
行為の関連共同性 ………………121
公害紛争処理法 …………………172
工作物責任と失火責任 …………115
小売商 ……………………………140
個人責任 …………………23, 24, 197
公法上の責任 ……………………4

さ行

債権の意義………………………25
債権の効力………………………28
財産的損害………………………53
債務者の保管義務………………26
債務と責任………………………46
債務不履行………………………25
　　――の効果……………………33
　　――の要件……………………30
　　――の類型……………………33
錯　誤……………………………166
差止請求…………………………77
　　――と特別法…………………84
　　――と防止措置の設置………83
　　――と名誉毀損………………84
　　――の可否 ……………………164
　　――の機能……………………78
　　――の根拠……………………80
　　――の法的根拠………………79
　　――の要件……………………81
差止請求権………………………77
差止請求の法的根拠……………79
　　――環境権説…………………79

――人格権説 …………………79
――物権的請求権説 ………79
差止めの内容 ………………83
差止めの要件 ………………81
事　業 ………………………88
　　――の執行 ………………89
　　――の執行に付き ………92
事実行為型不法行為 ………94
死者の逸失利益 ……………54
死者の過失 …………………75
シスオペ・プロバイダー等の責任 …177
施設・設備の安全基準 ……152
自然的因果関係 ……………18
下請業者，部品・組立業者 ……140
示　談 ………………………166
自動車損害賠償保障法 ……105
自動車の強制保険 …………169
自賠法第2条 ………………105
謝罪広告 ……………………162
　　――と損害賠償 …………164
　　――の必要性 ……………163
　　――の認められる要素 …163
受忍限度論 …………………15
受領遅滞 ………………36,43
　　――の法的性格 …………44
使用者責任 ………………86,87
　　――の意義 ………………86
　　――の効果 ………………90
　　――の趣旨 ………………87
　　――の性格 ………………87
　　――の成立要件 …………88
　　被用者・使用者の責任分担と―― …102
使用者の求償の制限 ………98
使用者の被用者への求償権 …90

消滅時効の起算点 …………70
　　――と継続的不法行為の場合 ………71
事理弁識能力を欠く者 ……12
人格権の侵害 ………………16
新過失論 ……………………133
親族自身の固有の損害賠償請求 ……52
人的組織責任 ………………199
信頼利益 ……………………39
請求権者 ……………………50
精神的損害賠償請求 ………51
製造業者 ……………………139
製造物責任 …………………128
　　――と瑕疵担保責任 ……131
　　――と過失の推定論 ……133
　　――と国の責任 …………140
　　――と契約的構成 ………131
　　――と債務不履行責任の追及 ……132
　　――と準契約的構成信頼責任 ……132
　　――と新因果関係論 ……134
　　――と信頼責任 …………132
　　――と責任期間の制限 …141
　　――と注意義務の高度化 ……134
　　――と不法行為責任＝非契約的構成
　　　………………………………133
　　――と保証責任 …………132,133
　　――と労働者の責任 ……140
　　――の効果 ………………137
　　――の法的構成 …………131
　　商品の欠陥と―― ………129
製造物責任法 ………………135
製造物の「欠陥」 ……………136
生存可能性侵害事件 ………197
正当防衛 ……………………17
生徒間事故 …………………147

税理士業務 …………………………182
税理士業務受託の法律関係 ………185
税理士と顧客との関係 ……………184
税理士の助言義務 …………………181
税理士の責任 ………………………188
　　──と裁判例 …………………188
責任能力………………………………11
　　──と過失……………………12
　　未成年者の── ………………11
責任の限定 ………………………66,74
責任の種類 ……………………………4
責任保険制度 ………………………174
セクシュアル・ハラスメント ……178
積極的損害……………………………53
設置または保存の瑕疵 ……………110
設備の欠陥 …………………………109
善管注意義務…………………………26
専門家の責任 ………………………182
善良な家父の注意……………………26
組織責任………………………23,24,87,197
　　──と履行補助者論……………42
　　──を構成するための要素 …199
　　人的── ………………………199
　　物的── ………………………200
組織責任論の必要性 ………………198
組織の過失……………………………75
損益相殺………………………………67
損害額の算定…………………………62
損害の意味……………………………47
損害の金銭評価………………………63
損害の種類……………………………48
損害の発生……………………………19
損害賠償請求権の時効………………69
損害賠償責任の意義 …………………3

損害賠償の算定………………………47
　　──の基準時……………………59
　　履行遅滞の場合と── …………60
　　履行不能の場合と── …………60
損害賠償の請求権者 ……………47,49
損害賠償の請求内容…………………49
損害賠償の範囲 …………43,47,52,62
　　──の算定………………………43
損害賠償の方法………………………47
損害賠償範囲の決定基準……………72
損害賠償法のしくみ …………………3
損害を知るとは………………………70

た行

代替執行………………………………28
大学湯事件……………………………14
体　罰………………………………154
他人を使用する………………………88
短期消滅時効の趣旨…………………69
注意義務の高度化……………………21
中間最高価格の問題…………………61
仲　裁………………………………166
仲裁制度……………………………168
調停制度……………………………167
調停の強制力 ………………………168
調停の目的 …………………………167
直接強制………………………………28
電気カンナ …………………………156
東大ルンバール事件 ………………196
特別のＡＤＲ ………………………172
土地工作物責任 ……………………109
　　──の成立要件 ………………109
　　──の法的性質 ………………109
土地ノ工作物の基準 ………………112

ドメスティック・バイオレンス……180
取引行為型不法行為………………95

な行

719条の存在意義………………119
生まゆ乾燥事件…………………45
任意保険 ………………………169

は行

配偶者の過失……………………74
賠償額の予定……………………68
反論掲載請求…………………164
被害者側の過失…………………74
被害者の承諾……………………17
被害者の素因……………………75
非財産的（精神的）損害………66
被用者個人の責任………………96
夫婦間・親族間の不法行為……180
プールの土地の工作物性………157
不完全履行………………………35
複合構造説………………………81
不作為不法行為 …………………8
物的組織責任…………………202
部品製造業者の抗弁…………140
不法行為責任……………………7
不法行為説………………………81
不法行為と不法行為制度 ………7
プライバシー侵害………………16
From Now 組織責任…………200
弁護士費用………………………66
報償責任…………………………22
法律は家庭に入らずの原則……180

保証書…………………………134
保存（保管）……………………27
ホフマン方式……………………73

ま行

未熟児網膜症事件……………196
水虫事件………………………196
未成年者の責任能力……………11
民事上の責任 …………………4
無過失責任主義…………………22
無痛分娩麻酔注射事件………196
名誉毀損・プライバシー侵害…158
名誉侵害…………………………16
免責の特約……………………134

や行

輸血梅毒事件…………………195

ら行

ライプニッツ方式………………73
履行代行者………………………32
履行遅滞…………………………33
履行不能…………………………34
履行補助者………………………31
　──と組織責任………………42
　狭義の──……………………32
履行利益…………………………39
流通業者………………………140
利用代行者………………………32
　狭義の──……………………32

わ行

和　解…………………………166

著者紹介

橋本恭宏（はしもと・やすひろ）
　　　1947年　兵庫県生まれ
　　　現在　明治大学教授（短期大学），専攻，民法（法学博士）

『長期間契約の研究』信山社（2000年）
［共著］
『導入対話による民法講義（総則）』不磨書房（1998年，2003年：新版），『導入対話による民法講義（物権法）』不磨書房（2001年），『導入対話による民法講義（債権総論）』不磨書房（2002年）
［主要論文］
『裁判にみる金額算定事例集』（名誉毀損・労働事件担当）第一法規出版（1988年から現在に至る），山本進一編『新版不動産売買の法律相談所』［第6版］（分担執筆）有斐閣（1993年），「公序良俗と権利濫用」椿寿夫・伊藤進編『公序良俗違反の研究』日本評論社（1995年）

From Now
損害賠償法
2003年5月10日　第1版第1刷発行

著者　橋　本　恭　宏
発行　不　磨　書　房
〒113-0033　東京都文京区本郷6-2-9-302
TEL 03-3813-7199／FAX 03-3813-7104
発売　㈱信　山　社
〒113-0033　東京都文京区本郷6-2-9-102
TEL 03-3818-1019／FAX 03-3818-0344

Ⓒ HASHIMOTO Yasuhiro
2003, Printed in Japan

印刷・製本／松澤印刷

ISBN4-7972-9283-0 C3332

導入対話シリーズ

導入対話による**民法講義**（総則）【新版】　9070-6　■ 2,900円（税別）
橋本恭宏（明治大学）／松井宏興（関西学院大学）／清水千尋（立正大学）
鈴木清貴（帝塚山大学）／渡邊力（摂南大学）

導入対話による**民法講義**（物権法）　9212-1　■ 2,900円（税別）
鳥谷部茂（広島大学）／橋本恭宏（明治大学）／松井宏興（関西学院大学）

導入対話による**民法講義**（債権総論）　9213-X　■ 2,600円（税別）
今西康人（関西大学）／清水千尋（立正大学）／橋本恭宏（明治大学）
油納健一（山口大学）／木村義和（大阪学院大学）

導入対話による**刑法講義**（総論）【第2版】　9083-8　■ 2,800円（税別）
新倉修（青山学院大学）／酒井安行（青山学院大学）／高橋則夫（早稲田大学）／中空壽雅（獨協大学）
武藤眞朗（東洋大学）／林美月子（神奈川大学）／只木誠（中央大学）

導入対話による**刑法講義**（各論）　9262-8　★近刊　予価 2,800円（税別）
新倉修（青山学院大学）／酒井安行（青山学院大学）／大塚裕史（岡山大学）／中空壽雅（獨協大学）
信太秀一（流通経済大学）／武藤眞朗（東洋大学）／宮崎英生（拓殖大学）
勝亦藤彦（海上保安大学校）／北川佳世子（海上保安大学校）／石井徹哉（奈良産業大学）

導入対話による**商法講義**（総則・商行為法）【第2版】　■ 2,800円（税別）
中島史雄（金沢大学）／末永敏和（大阪大学）／西尾幸夫（関西学院大学）　9084-6
伊勢田道仁（金沢大学）／黒田清彦（南山大学）／武知政芳（専修大学）

導入対話による**国際法講義**　9216-4　■ 3,200円（税別）
廣部和也（成蹊大学）／荒木教夫（白鷗大学）共著

導入対話による**医事法講義**　9269-5　■ 2,700円（税別）
佐藤司（亜細亜大学）／田中圭二（香川大学）／池田良彦（東海大学）／佐瀬一男（創価大学）
転法輪慎治（順天堂医療短大）／佐々木みさ（前大蔵省印刷局東京病院）

導入対話による**ジェンダー法学**　9268-7　■ 2,400円（税別）
浅倉むつ子（都立大学）／相澤美智子（東京大学）／山崎久民（税理士）／林瑞枝（駿河台大学）
戒能民江（お茶の水女子大学）／阿部浩己（神奈川大学）／武田万里子（金城学院大学）
宮園久栄（東洋学園大学）／堀口悦子（明治大学）

導入対話による**刑事政策講義**　9218-0　■ 2,800円（税別）
土井政和（九州大学）／赤池一将（高岡法科大学）／石塚伸一（龍谷大学）
葛野尋之（立命館大学）／武内謙治（九州大学）

不磨書房